HET HART VAN DE REVOLUTIE

NOAH LEVINE

HET HART VAN DE
REVOLUTIE

De Boeddha's radicale lessen over vergeving,

mededogen en vriendelijkheid

ASOKA

De lessen en citaten in dit boek komen alle voort uit de mondelinge traditie in het boeddhisme. Noah leerde deze lessen van zijn leraren, zoals ook zij ze leerden van hun leraren. De citaten zijn van generatie op generatie doorgegeven, van de Boeddha tot nu.

Eerste druk, november 2011
Vertaling: Frank Uyttebroeck
Oorspronkelijke titel: *The Heart of the Revolution*
HarperCollins Publishers, New York, 2011
Copyright © 2011 by Noah Levine
Nederlandse rechten: Asoka b.v., Rotterdam

www.asoka.nl

Omslagfoto: Lab Lambriex, Amsterdam
Omslagontwerp: Het vlakke land, Rotterdam
Druk- en bindwerk: Wilco, Amersfoort
Gedrukt op FSC-gecertificeerd papier

ISBN 978 90 5670 276 2 | NUR 739

Voor Amy en Hazel

INHOUD

DEEL 1

*FTW (Fuck The World), of het dode spoor
van het wereldlijke vermijden*

DEEL 2

De middenweg van de 1%-ers van het hart

DEEL 3

Het dode spoor van religie vermijden

VOORWOORD

Het hart van de revolutie bevat één van de krachtigste en meest bevrijdende boodschappen ter wereld: waar je ook bent, je hart kan vrij zijn. Nelson Mandela was hiervan een voorbeeld toen hij met verbazingwekkende waardigheid en mededogen zevenentwintig jaar gevangenschap achter zich liet om vervolgens president van Zuid-Afrika te worden.

Ook jij kunt je hart bevrijden. Je hoeft niet gevangen te zitten in je verleden. Zowel individueel als collectief kan ons hart bevrijd worden van het lijden uit ons verleden. Op retraites heb ik dat keer op keer gezien: retraitanten die in meditatie met moed, helend mededogen en vergeving de pijn uit hun verleden waardig onder ogen zagen en daarna leerden om verder te gaan. Ik zag hetzelfde in gevangenissen, hospices, bij AA-bijeenkomsten en bij voormalige slachtoffers en soldaten van vredesmissies in landen over de hele wereld.

Het lijden van onze families, van de maatschappij en van de wereld is gebaseerd op leugens – leugens van angst, verslaving, racisme, trauma en haat. Maar daarmee is het verhaal niet klaar. Er is ook de bevrijding van deze leugens.

Toen mijn leraar Maha Ghosananda, wiens familie tijdens de Cambodjaanse genocide in vluchtelingenkampen was vermoord, lesgaf aan vijfentwintigduizend getraumatiseerde overlevenden, vroeg ik me af wat hij zeggen kon tegen hen die zo veel hadden verloren. Hij nam waardig plaats en zong de woorden van de Boeddha, telkens herhalend:

Haat stopt nooit door haat
Maar alleen door liefde wordt haat geheeld.
Dit is de oeroude en eeuwige wet.

Al snel zongen alle vijfentwintigduizend vluchtelingen met hem
mee; met betraande gezichten gaven ze uitdrukking aan een waarheid die nog groter was dan hun leed. Vergiffenis, mededogen en
de vrijheid om je eigen leven te leiden, ze liggen allemaal voor
het grijpen. Ze zijn jouw geboorterecht. Zoals Noah in dit boek
uitlegt: 'Er is niemand die niet in staat is om lief te hebben.'

Maar hoe pak je dat aan? Dat is het mooie van dit boek. Noah
geeft hierin de Boeddha's wijze en systematische methoden door
om je geest tot rust te brengen en je hart te helen en te bevrijden.

Door deze lessen waarin je leert hoe je wijs in het nu kunt
leven, en hoe je je hart bevrijdt van de angsten voor verleden en
toekomst, ontwikkel je jouw eigen vertrouwen in mindfulness.
Je leert hoe je de worstelingen in je leven met mededogen kunt
benaderen en je ontwikkelt het vertrouwen dat je in staat bent
om verwarring, zelfhaat en vertwijfeling te overwinnen. Je leert
hoe revolutionaire vrijheid en geluk ontstaan wanneer je de waarheid spreekt en bedrog achter je laat, zowel het jouwe als dat van
anderen.

En je leert hoe je jouw helderheid en mededogen kunt schenken
aan een wereld die daar zo'n grote behoefte aan heeft.

De woorden in dit boek zijn een geschenk voor iedereen die
ze leest.

Neem ze ter harte, probeer ze uit en transformeer je leven.

Ik wens jou dit toe en ik hoop dat het een zegen is.

Jack Kornfield
Spirit Rock Meditation Center
2011

WELKOM BIJ DE REVOLUTIE

De Boeddha was een revolutionair, een radicale voorstander van persoonlijke en sociale transformatie. Hij verwierp de religieuze normen van zijn tijd en gaf elke vorm van hebzucht, haat en waan op. Hij wijdde zijn leven aan 'tegen de stroom in' gaan, aan het subversieve pad van de vogelvrij verklaarde zwerver. Hij was niet bang om zich uit te spreken tegen de onwetendheid in de politieke, sociale en religieuze structuren in deze wereld. Maar hij deed dit vanuit een gevoel van liefde en vriendelijkheid, vanuit een verlicht mededogen dat zich over alle levende wezens uitstrekte. De lessen van de Boeddha zijn noch filosofie, noch religie; ze zijn een marsbevel tot actie, een aanmoediging tot revolutie.

Ik heb altijd opgekeken naar mensen die buiten de normen dachten en leefden. Toen ik opgroeide, had ik het gevoel dat er iets goed mis was met deze wereld. Punk rock liet mij zien dat veel van de normen en wetten van dit land concepten zijn van een puriteinse en corrupte religieuze natie.

Totdat ik de methoden en lessen van de Boeddha ontdekte, zat ik verstrikt in een raadsel: ik zag sommige van de problemen wel, maar ik had er geen oplossing voor.

Ik heb mijn leven lang al een fascinatie voor de outlaw cultuur. Toen ik nog een jochie was, waren bikers, Black Panthers, low-riders, bendeleden en punkers mijn helden. Outlaw bikers dragen op hun jack een ruitvormig insigne met daarin '1%' gedrukt. Dit embleem zegt dat zij – de 1%-ers – zich buiten de groep van gezagsgetrouwe burgers stellen. Deze traditie ontstond in de jaren vijftig naar aanleiding van een beruchte bikers-rel in

1947 in Hollister, Californië. Deze rel werd later verfilmd in *The Wild One* met Marlon Brando. Een journalist probeerde in zijn verslag van die rel de grote massa enthousiaste motorrijders te verdedigen door te schrijven dat 99 procent van alle mensen die motor rijden brave burgers zijn. Hij zei dat alleen de overgebleven 1 procent, die buiten de wet leefde, de anderen een slechte naam bezorgde. Natuurlijk zagen de bikers dit als een compliment en ze gingen ermee aan de haal. Zij kwamen in opstand tegen de stompzinnige, burgerlijke vormelijkheid van de jaren vijftig en waren daar trots op.

Er wordt verteld dat de Boeddha zei dat volgens hem 'slechts een handjevol mensen in elke generatie' – de spirituele 1%-ers – bereid zou zijn om het harde werk te doen: het trainen van hart en geest door middel van meditatie, ethisch verantwoord gedrag en een onvoorwaardelijke liefde voor alle levende wezens. Zijn boodschap was radicaal. Hij zette zich af tegen de conventies en de normen van zijn tijd, net als de bikers in de jaren vijftig. Zijn methode was moeilijk, maar ze stelde inzichten en geluk in het vooruitzicht die nieuw waren en mogelijk wereldschokkend.

Met 6,8 miljard mensen op deze wereld zou 'enkel een handjevol' heel makkelijk ongeveer 1 procent kunnen betekenen, 68 miljoen mensen dus. Denk jij dat er 68 miljoen mensen op deze wereld zijn die met heel hun hart een spiritueel pad bewandelen? Ik weet het niet. Wat ik wél weet is dat boeddhisten, christenen, joden, moslims, hindoes, atheïsten, agnosten, wetenschappers of wie dan ook, zelden openhartig zijn, vrij van vijandigheid, haat en onwetendheid. Het is daarom logisch dat het pad van liefde en mededogen, van vriendelijkheid en waardering, slechts wordt bewandeld door die 1 procent mensen op deze wereld die boffen dat zij de bereidheid vonden om de valse leer van religie te verwerpen en die zich naar binnen hebben gekeerd om zelf achter de waarheid te komen.

Toen ik de radicale lessen van de Boeddha over liefdevolle vriendelijkheid, mededogen en vergiffenis voor het eerst hoorde, was ik ongelooflijk sceptisch. Met mijn achtergrond van drugs en geweld beschouwde ik die hartkwaliteiten als ongewenst en misschien zelfs onveilig. In mijn kringen stond mededogen gelijk aan zwakheid en het zou je kwetsbaar maken voor het kwaad en voor misbruik. Ik leerde al heel vroeg dat dit een wereld vol pijn was; een wereld met groot gebrek aan vriendelijkheid, zo leek het. Als reactie op de pijn in mijn leven draaide ik gaandeweg mijn hart op slot en maakte ik mezelf gevoelloos voor elke vorm van liefde. Ik experimenteerde daarom heel aarzelend met de boeddhistische beoefeningen van vriendelijkheid en mededogen. Ik denk dat vergiffenis in het begin niet eens in mijn woordenschat voorkwam. De enige reden waarom ik mezelf ook maar een beetje openstelde voor deze meditatiemethoden – vaak de *hartpraktijken* genoemd – was dat ik een overweldigend vertrouwen had in de beoefening van mindfulness (de aandacht richten op dit moment in het nu), in de Boeddha en in mijn leraren die mij verzekerden dat het veilig was om opnieuw lief te hebben.

Toen ik die hartpraktijken begon te bestuderen, hoorde ik zinnen als 'Liefde is jouw ware natuur' en 'Het hart heeft een natuurlijke neiging tot mededogen'. Nou, ik had al een tijdje gemediteerd en mijn innerlijke wereld via mindfulness onderzocht, maar ik zag geen spoor van de liefde of het mededogen waarover de leraren spraken. Wanneer ik diep in mijn hart en in mijn geest keek, zag ik alleen angst, woede, haat, oordelen, nog meer angst en een hoop wellustige hunkeringen. Wanneer ik in stilte zat en de aandacht op mijn ademhaling richtte, verloor ik mijn aandacht steeds weer in fantasieën over wraakzuchtige vernietiging en pornografische seks. Het ene moment sloeg ik mijn vader de hersens in met een *Louisville Slugger* baseballknuppel, het andere moment had ik een triootje met Madonna en Traci Lords. Ik was er vrij zeker van dat dit soort bagger het enige was dat in mij zat. Mindfulness hielp mij met mijn innerlijke verwarring om te gaan en stelde me in staat om mijn geest de ene keer te negeren en om hem op een ander moment niet zo persoonlijk op te vatten. Maar het leek er niet op dat mindfulness op magische wijze een liefhebbend hart uit mijn innerlijke kritische/terroristische/perverse/harde gozer zou creëren.

In de begindagen van mijn meditatiepraktijk was ik alleen geïnteresseerd in mindfulness. Ik had verschillende soorten meditatie geleerd met aandacht voor de ademhaling als uitgangspunt. Hierdoor voelde ik de directe voordelen van concentratie en mindfulness. Ik ontdekte onmiddellijk de tijdelijke verlossing van angst voor de toekomst en schaamte voor het verleden. Het was lastig om mijn geest te leren om gerichte aandacht te hebben voor dit moment in het nu, maar het wierp wel vruchten af. Al was het maar tijdelijk, ik beleefde toch een onmiddellijke verlossing van het lijden dat ik voortdurend creëerde door de neiging van mijn geest om zich te verliezen in de toekomst en het verleden. Voordat ik mijn meditatiepraktijk begon, zag het er als volgt uit: telkens wanneer mijn geest zich zorgen begon te maken over wat er in de toekomst zou gebeuren, zonk ik volkomen weg in angsten en vaak was ik ervan overtuigd dat 'het ergste geval' ook zou uitkomen. Mindfulness gaf me de werktuigen waarmee ik die gedachten kon loslaten en mijn aandacht op de lichamelijke ervaring van de ademhaling kon richten. Mindfulness was in mijn ogen heel zinnig en het was niet moeilijk om een gestaafd vertrouwen te ontwikkelen in dat aspect van het boeddhisme. Mindfulness zette voor mij de deur open naar de rest van de Boeddha's dharma, zijn lessen. Ik begon te geloven dat het mogelijk moest zijn om mijn geest te trainen, maar ik had nog steeds geen hoop voor mijn hart.

Wanneer ik dan meditaties op liefdevolle vriendelijkheid be-oefende (in dit boek zal ik je door verschillende daarvan heen leiden), was mijn geest zo kritisch en bood hij zoveel weerstand dat die inspanningen mijn geest alleen maar luider en mijn hart alleen maar harder leken te maken in plaats van zachter. Maar ik bleef desondanks doorgaan met de meditaties op liefdevolle vrien-delijkheid. Nogmaals, het feit dat ik had gezien dat mindfulness werkte, gaf me enig vertrouwen om ook de rest van de Boeddha's leer uit te proberen. En daarbij, wat had ik te verliezen? Ik was toch al ongelukkig. Mijn hart was toch al verhard. Geleidelijk aan begon ik te zien dat er onder mijn angsten en mijn lust een oprecht verlangen schuilging om vrij te zijn van lijden. Mindfulness had me laten proeven van die vrijheid en ik wilde meer.

Dus besloot ik ten slotte, zonder al te veel hoop te koesteren, om meditaties op vriendelijkheid, mededogen en vergiffenis aan mijn dagelijkse schema toe te voegen. Van anderen en mezelf leren houden was een traag en moeilijk proces. En toch begon ik uiteindelijk te begrijpen waar de Boeddha en mijn leraren het over hadden; er lichtten glimpjes van vriendelijkheid en mededogen in me op en ik maakte gaandeweg ook ervaringen van vergiffenis mee. Maar ik moet toegeven: het kostte me jaren.

In mijn jarenlange meditatiepraktijk, waartoe ook regelmatig periodes van stille, intensieve retraites behoorden – van vijf dagen tot drie maanden lang – heb ik geleidelijk aan de gevoelens van mededogen, vergiffenis, genade, vriendelijkheid en vrijgevigheid gevoeld die de Boeddha in het vooruitzicht heeft gesteld. Mijn hart is zachter; mijn geest is stiller. Tegenwoordig wil ik nog maar zelden iemand de hersens inslaan. Als ik aan mijn stiefvader denk, dan doe ik dat met mededogen: hij moet wel heel veel geleden hebben om toentertijd zo'n eikel geweest te zijn. Mijn geest kan zich heel makkelijk focussen op wat aan de orde is en ik voel vaak warmte en vriendelijkheid voor alle wezens. Ik weet nu dat mededogen een natuurlijke eigenschap van mijn hart is, eentje die lag te sluimeren, wachtend om gewekt te worden. Het boeddhistische pad is een proces van ontdekken, herwinnen en het geleidelijk ontsluieren van een liefhebbend hart. Voor mij is het proces van ontwaken en helen als werken aan een archeologische opgraving. In mijn begindagen werkte ik alleen aan de oppervlakte. Mindfulness was een grote opluchting en werkte als een metaaldetector waardoor ik te weten kwam dat er kostbare schatten onder de grond lagen. Mindfulness was ook de schep waarmee het opgraven begon. Maar toen ik begon met graven, stuitte ik eerst op al de lagen sediment die het hart bedekten. De hartpraktijken hielpen de grond verder te zuiveren. Ik begon het puin door een zeef te halen in de hoop onmiddellijk schatten te vinden. De onzekere verwarring die ik in de beginperiode van mijn oefeningen op mededogen en vriendelijkheid voelde, ontstond doordat ik alle lijken opgroef die ik had begraven door al die jaren de pijnen van mijn kindertijd en adolescentie te verdringen. Ik was in mijn jonge jaren heel handig geworden in het begraven van mijn onzekerheid en mijn gevoeligheid voor prikkels. Maar elke meditatieve inspanning van vergiffenis, vriendelijkheid of mededogen verwijderde weer een schep aarde, bracht me steeds één schepje dichter bij de vergeten waarheid van mijn hart.

Soms kun je de hartpraktijken ook gebruiken als nog veel fijnere archeologische instrumenten, als penseeltjes waarmee je het laatste stof verwijdert dat de schatten van je hart bedekt. Meditaties zijn op die manier heel veelzijdig: soms heb je een schop nodig om het zware werk te doen, op andere momenten heb je behoefte aan iets zachters, heel subtiel en verfijnd om het hart als het ware af te stoffen. Maar zoals we weten kan het blootleggen van een oude stad een leven lang duren. Er is geen betrouwbaar tijdschema. Er is geen garantie dat we de vergeten schat van mededogen binnen afzienbare tijd zullen bereiken. Wat echter wordt beloofd is dat die schat er ligt, wachtend. En soms kunnen we hem tot ons horen roepen, smekend om opgegraven te worden. Wanneer we het pad van meditatieve training correct en volhardend volgen, dan zal het altijd leiden tot het terugwinnen van de liefde en het mededogen die we waren verloren. Schepje voor schepje.

Ik kan dit alles met vertrouwen zeggen, want ik heb het rechtstreeks ervaren, zoals ook jij dat rechtstreeks zult ervaren. Tegenwoordig is mijn leven vervuld van een algemeen gevoel van vertrouwen en vriendelijkheid. Mijn relaties met mijn ouders, vrienden en mijn vrouw en dochter ontstaan vanuit waardering, liefde, mededogen en vergiffenis. Maar misschien nog belangrijker is mijn verhouding met vreemden die nu van liefdevolle vriendelijkheid doordrongen is. In mijn jonge jaren voerde ik oorlog tegen de wereld. De hartpraktijken van de Boeddha leerden mij om me over te geven, maar ook om mijn voornemen niet op te geven om een positieve verandering tot stand te brengen. Wat eens een rebellie was, gevoed door haat, is nu een revolutie gevoed door mededogen.

Nu, ik denk dat het alleen maar billijk is dat ik ook even waarschuw: de weg naar de ontsluiering van de positieve eigenschappen van het hart is een radicaal pad dat overspoeld wordt door de demonen van de hart/geest, in het boeddhisme *Mara* genoemd. Mara is dat aspect van de hart/geest dat wegversperringen opwerpt, smoesjes verzint, treuzelt en dat ons alle onprettige geestestoestanden doet ontlopen die gepaard gaan met het helen door ontwaken. Mara is onze innerlijke ervaring van elke vorm van hebzucht, haat en waan. Mara – vaak uitgebeeld als een tegenstander – zal ons op sommige momenten met wraak aanvallen. Immers, omdat we ons verbinden aan de bevrijding van ons hart, zijn we ook verplicht om Mara rechtstreeks in het gezicht te kijken. De Boeddha vertelde over zijn strijd met Mara en hij gaf aan dat hij zijn overwinning op Mara bereikte met liefde, mededogen, gelijkmoedigheid en waardering als wapens. Niettemin gaf Mara niet op. Mara leefde samen met de Boeddha gedurende zijn hele leven. De Boeddha was voortdurend op zijn hoede en hij behandelde Mara altijd met een liefdevol gewaarzijn en ontwapende hem steeds met de meest wijze respons van zijn hart.

Er is niemand die niet in staat is om lief te hebben, te vergeven of mededogend te zijn. Dat vermogen is ons geboorterecht. Alles wat je nodig hebt is het verlangen en de bereidheid om die uitdagingen aan te gaan. De meeste mensen erkennen het verlangen om vrij te zijn van de haat, de woede en de angsten waar ze mee leven. Er zijn er echter ook die zo beschadigd en verward zijn, dat ze elke hoop hebben laten varen of dat ze een geloof in haat hebben ontwikkeld als een nobele en noodzakelijke eigenschap. Het lijkt erop dat dit laatste opgaat voor de meeste westerse godsdiensten: wanneer je een oordelende, boze en wraaklustige god vereert, dan is het logisch dat je diezelfde eigenschappen in jezelf als aanvaardbaar en misschien zelfs als wenselijk gaat beschouwen. Maar voordat ik uit mijn dak ga met mijn atheïstisch boeddhistische tirade, laat ik ook dit zeggen: het lijkt erop dat echte liefde en de bereidheid om de hartkwaliteiten van vergiffenis, genade en mededogen te ontsluieren zeldzaam zijn, maar boeddhisten zijn niet de enigen die deze methoden gebruiken. Trouwens, ik denk dat er heel weinig boeddhisten zijn die de lessen van de Boeddha echt in hun hart/geest toepassen. De Boeddha had het over een *middenweg*, een pad dat 'tegen de stroom in' gaat, tussen twee dode sporen. Het eerste dode spoor is dat van het wereldlijke: het geluk zoeken in materiële en zinnelijke ervaringen. Het tweede dode spoor is dat van religie: het geluk zoeken in devotie en het geloof in verlossing van buitenaf. Ik denk dat de meeste boeddhisten vastgelopen zijn op het dode spoor van religie. Pas op dat jij niet dezelfde fout maakt.

Ik hoop dat deze visie jou niet ontmoedigt maar dat ze je inspireert om ervoor te zorgen dat je bij die zeldzame en waardevolle hartrevolutionairen hoort, bij de mededogende 1%-ers. Het inzicht dat er in elke generatie slechts een handjevol bereid zal zijn om te doen wat moet gebeuren, hoeft geen slecht nieuws te zijn. Eigenlijk is het geweldig nieuws; het is reëel en realistisch. Dat *wie dan ook* de bereidheid en de moed kan vinden om dit moeilijke pad te volgen, is een grote overwinning voor de mensheid. En onthoud: 1 procent bestaat uit miljoenen en miljoenen mensen!

Ik verwelkom je als hartbroeder bij deze revolutie. Als je dit pad volgt, zul je jezelf bevrijden van al het onnodige levensleed en je zult anderen inspireren om hetzelfde te doen. De methoden in dit boek zijn geen 'quick fix'; ze vormen een landkaart die leidt naar een verborgen schat. Je zult al het graven zelf moeten doen. Hoewel je dit werk het best kunt verrichten met de steun van leraren en een gemeenschap van mede-archeologen, zul je uiteindelijk al het zware tillen toch zelf moeten doen – of het loslaten, wat ook kan. Je leven zal getransformeerd worden, net zoals het mijne. En samen zullen we deel uitmaken van de 1%-ers die een positieve verandering in de wereld teweegbrengen.

DEEL I

FTW (FUCK THE WORLD), OF HET DODE SPOOR VAN HET WERELDLIJKE VERMIJDEN

WIJDS WAKKER

slaap niet nóg een nachtje over de realiteit,
tijd om het zand uit je ogen te wrijven

Hier zitten we dan: mensen, levend met de gevolgen van het geboren zijn. Ik neem aan dat de meesten van jullie wel op de hoogte zijn van de fundamentele waarheden van het bestaan. Toch wil ik er een overzicht van geven, als een geheugensteuntje voor sommigen en als een eyeopener voor anderen.

We worden geboren in een geest/lichaam/hart-proces. Dat proces wordt gestuurd door een psychologisch/biologisch/emotioneel overlevingsinstinct dat niet in harmonie is met de werkelijkheid. Als mens verkeren we in een soort slapende staat van dwaasheid. De menselijke evolutie wordt gedreven door een natuurlijk verlangen om te leven en om geluk na te jagen. Maar het overlevingsinstinct dat aangestuurd wordt door het geest/lichaam, klampt zich vast aan de onrealistische hoop op een leven dat altijd prettig is en nooit pijnlijk. Ons lichaam hunkert naar genot, waarvan we denken dat het gelijkstaat aan geluk, veiligheid en overleven. Aan de andere kant haten we pijn, waarvan we denken dat die gelijkstaat aan ongeluk en dood. Klinkt dit tot zover een beetje vertrouwd?

Hieruit ontstaan ontelbare problemen. Ons natuurlijk verlangen naar genot en onze hekel aan pijn helpen ons bij het overleven zolang de omstandigheden en de vergankelijkheid van ons lichaam dit toelaten. Om te overleven zijn we in dat opzicht afhankelijk van onze meest basale verlangens. Die verlangens zijn niet de vijand: ze zijn een onontbeerlijke functie van het leven. Maar dat is dan ook *alles* wat ze zijn. Zoals we maar al te goed weten, leidt een leven vol najagen van genot en weglopen van pijn slechts tot meer en meer lijden en verwarring. Ons overlevingsinstinct gunt ons niet het geluk, alleen tijdelijk overleven. Een leven gebaseerd op verlangen en afkeer is op zijn best een belabberd bestaan; soms wordt het zelfs ronduit ondraaglijk.

INSTINCT VERSUS VERGANKELIJKHEID

De reden waarom ons overlevingsinstinct ons soms in de ellende stort, is dat het strandt op de waarheid van vergankelijkheid. We worden geboren in een geest/lichaam-proces dat voortdurend in verandering is, in een wereld die voortdurend in verandering is. *Alles* is vergankelijk – elk genot, elke pijn, elk lichaam. Maar ons overlevingsinstinct hunkert naar voortbestaan en controle. Het lijf wil dat het genot voor altijd doorgaat en dat de pijn voor altijd verdwijnt. En dat is nu precies de oorzaak van hechten en afkeer. We kunnen niet om de vergankelijkheid heen en dat stemt ons over het algemeen ontevreden. We worstelen voortdurend met verlies: we worden gekweld omdat elke ervaring steeds weer ophoudt, terwijl we tevergeefs proberen stabiliteit te creëren uit vluchtigheid. En toch, geluk en stabiliteit zijn niet ons geboorterecht; verlies en verdriet vormen de *onvermijdelijke gevolgen* van geboorte.

Wanneer we hechten aan vergankelijke dingen – sensaties, gedachten, gevoelens, mensen, plekken – dan houden we daar altijd stress en verdriet door verlies aan over. Want alles om ons heen verandert voortdurend; het wordt altijd net buiten ons bereik gehouden. Dat vastklampen, ons gevecht tegen vergankelijkheid mondt uit in verlies en in het lijden dat gepaard gaat met onze pogingen om vast te houden aan de constant veranderende realiteit. Het is alsof we touwtrekken met een veel sterkere tegenstander: wanneer we voelen dat we zullen verliezen – en zo zal het altijd gaan – kunnen we kiezen: of we laten los, of we proberen vast te houden, waardoor we 'blaren' van het hechten oplopen. Het overlevingsinstinct zegt ons dat we moeten vastklampen; de Boeddha spoort ons aan om los te laten.

Niet alleen in verband met hechten geeft het overlevingsinstinct slechte raad, maar ook wat betreft aversie. Wanneer we, zoals het instinct ons dat opdraagt, onprettige ervaringen met aversie beantwoorden, dan zorgen we ervoor dat ze langer duren dan nodig. Alle onprettige gedachten, gevoelens en sensaties zijn vergankelijk; elke poging om ze tegen te houden is vergeefs en resulteert in stress, woede en lijden. Het is alsof we met onze aversie een dam opwerpen tegen de stroom van ervaringen. In plaats van de vergankelijkheid haar werk te laten doen, blokkeren we het voorbijtrekken van de pijn. We doen dit op verschillende manieren: door te onderdrukken, te vermijden, te negeren, door zelfmedicatie of door van ons hart een steen te maken en ons af te sluiten voor het leven. Nogmaals, als overlevingsinstinct is aversie *noodzakelijk*: om te overleven móéten we een hekel hebben aan pijn. Maar het brengt ons weinig vrijheid of geluk. Wanneer het op aversie aankomt, dan is een leven gebaseerd op overleving er een van angst en afschuw. Onze instincten bevelen ons om pijn te haten en eraan te ontkomen; de Boeddha spoort ons aan om pijn tegemoet te treden met barmhartigheid en mededogen.

Let wel, ik suggereer niet dat we elke pijnlijke ervaring die het leven ons voorschotelt zomaar moeten accepteren of dat we nooit moeten proberen pijn te vermijden of genot op te zoeken. Helemaal niet. Wat ik zeg, is dat er in het leven een heleboel ellende voorkomt die simpelweg onvermijdelijk is. Ons instinct slaagt er niet in dat feit te erkennen en het probeert *alle* narigheid te vermijden. Dat is onmogelijk. Maar probeer in elk geval wel het vermijdbare uit de weg te gaan. En ook: geniet zo veel mogelijk van plezier als gepast is. Wanneer we meditatie beoefenen en een ethisch verantwoord leven leiden, zal het steeds duidelijker worden wanneer het tijd is om lijden te aanvaarden of van plezier te genieten en ook wanneer het verstandig is ons van genot te onthouden of pijn te vermijden. De Boeddha leert dat het mogelijk is om een evenwichtig leven te leiden; een leven dat plezier heeft in genot zonder je daaraan vast te klampen, en dat je onvermijdbare pijn kunt beantwoorden met zachtheid en zorgzaamheid. Ik noem dit *niet-gehechte waardering* en *mededogende respons-abiliteit*. In de volgende hoofdstukken zal ik in detail uitleggen hoe we deze eigenschappen kunnen ontwikkelen.

Op verstandelijk vlak zijn we allemaal bereid om ons over te geven aan het feit dat alles vergankelijk is; in het leven zal er altijd een bepaald gehalte aan problemen en ontevredenheid voorkomen. Het menselijke geest/lichaam heeft echter de neiging dit allemaal heel persoonlijk op te vatten. Dit komt omdat de menselijke evolutie een brein heeft voortgebracht dat een *zelf* creëert. Het gevoel dat we een permanente, onveranderlijke identiteit zijn – een zelf – is een constructie van het geest/lichaam. Ieder van ons is een zich voortdurend ontwikkelend en ontvouwend *proces*, niet een onveranderlijke identiteit. Dit aspect van de realiteit – onze eigen veranderende natuur – lijkt haaks te staan op het menselijk overlevingsinstinct. Daarom creëert de geest een onveranderlijke identiteit die alles persoonlijk opvat en die zich vastklampt aan de ideeën 'ik', 'mij' en 'mijn'. Niettemin is deze oplossing gebaseerd op onwetendheid en gebrek aan onderzoek. Geloven in een onvergankelijk zelf is als geloven in een onvergankelijke regenboog. We weten allemaal dat regenbogen tijdelijke optische illusies zijn, gebaseerd op factoren als zonlicht, vochtigheid en warmte. Het milieu maakt regenbogen zoals onze geest een zelf schept. Beide scheppingen zijn relatief echt, in de zin dat we ze tijdelijk waarachtig ervaren. Maar net zoals de factoren die deze illusies (regenboog of zelf) creëerden zijn ontstaan, zo zullen ze ook weer voorbijgaan. Er is geen permanent zelf; er is geen permanente regenboog. We kunnen niet zeggen dat er helemaal *geen* zelf is of dat *alles* leeg is of illusoir. Het *is* echter waar dat alles in voortdurende verandering is en dat er geen vast, permanent, onveranderlijk zelf is binnen het proces dat we 'het leven' noemen. Alles en iedereen is een zich ontwikkelend proces. Meditatie kan ons helpen om dat meer vloeiende aspect van 'het zijn' te begrijpen.

Zij die steun zoeken in de boeddhistische praktijken proberen niet te ontsnappen aan hun menselijke toestand, noch aan de lusten en de lasten van het menselijk geest/lichaam. Het is onze taak om een concreet en volledig menselijk leven te leiden. Wat het meditatieve leven ons biedt, en waartoe de Boeddha ons aanmoedigt, is een pad dat leidt naar de transformatie van onze relatie met onszelf en met de wereld.

Mindfulness is één van de sleutels. Door wijze aandacht te richten op onze ervaringen van 'gewaarzijn in het nu', reageren we steeds vaardiger op elk moment. We zien stilaan in dat weerstand vergeefs is. De waarheid van het leven beantwoorden met meer aanvaarding en mededogen, daarin ligt onze enige hoop. De Boeddha biedt ons een zeer praktische handleiding om wijze en mededogende mensen te zijn. Hij onderwijst een humanistische, psychosociale verschuiving in bewustzijn en handelen. We worden uitgenodigd om het leven te omarmen zoals het is en om verstandig te reageren op de werkelijkheid waarmee we worden geconfronteerd. Boeddhisme moet nooit gezien worden als een escapistische of ontkennende benadering van het leven. Het is heel gewoon een *betere* manier van leven, een manier waarbij geluk wordt gemaximaliseerd en lijden geminimaliseerd.

DE STAPELS

Laat ik een andere, meer gedetailleerde uitleg geven over wat er gaande is. Het pad van de vrijheid is een geleidelijk loslaten van de onjuiste identificaties die ons lijden veroorzaken. De Boeddha omschreef dit proces als het uitrafelen van een strak geslagen touw: stukje bij beetje begint het touw te rafelen en uit elkaar te vallen. In het boeddhisme worden deze verkeerde identificaties traditioneel de *skandha's* genoemd, de 'hoopjes' of 'stapels'. De stapels komen naar voren als vijf verschillende aspecten van het leven: het lichaam, de zintuiglijke gewaarwordingen of gevoelstonen van het lichaam, de geest of de objecten van de denkende geest (gedachten en de wortels van emoties inbegrepen), de perceptie (die ook het geheugen behelst) en het bewustzijn. We hebben de neiging om ons vast te klampen aan deze aspecten alsof ze onze vaste identiteit zijn, onze foutieve identiteit dus.

Zolang we het onjuiste denkbeeld koesteren dat één van deze processen van geest of lichaam uitmaakt wie we uiteindelijk zijn, blijven we vastgeketend aan de oorzaken en voorwaarden die aanleiding geven tot lijden. Beschouwen we om het even welke van deze ervaringen als 'wie wij in onze kern zijn', dan veroorzaakt dit onvermijdelijk lijden. Waarom? Omdat deze levensstapels oncontroleerbaar en onbetrouwbaar van aard zijn. Wanneer we geloven dat wij ons lichaam zijn, dan voelen we ons onvermijdelijk verraden door natuurlijke processen als ziekte, ouderdom en dood. Wanneer we geloven dat we onze geest zijn, dan is onze lotsbestemming er een van constant oordelen, vergelijken en angstig zijn. Vrijheid ontstaat door de meditatieve methoden die ons het vergankelijke, onpersoonlijke en onbevredigende karakter van deze vijf factoren helder laten inzien.

Laten we de stapels een voor een onderzoeken:

1. Het lichaam

Het menselijk lichaam is een proces waarbij de vier elementen betrokken zijn. Enkel aarde, lucht, water en warmte zijn in de menselijke verschijningsvorm aanwezig. Deze vier elementen vormen de *gehele* schepping, zowel inwendig als uitwendig. Bij de vorming van het lichaam in de baarmoeder zijn het de vier elementen in het moederlichaam die de foetale vorm creëren. En wanneer het lichaam ter wereld komt, vormt het aarde-element – gemengd met water, lucht en warmte – de voeding die overleving en groei mogelijk maakt. Door de vier elementen in zich op te nemen, volgroeit elk lichaam en zet het deze elementen om in vlees en bloed.

Alles in het fysieke leven in een lichaam is een proces van onophoudelijke verandering. Vanaf onze kinderjaren is ons lichaam voortdurend in verandering, groeiend, rijpend en uiteindelijk begint het te vervallen. Het fysieke lichaam ontstaat uit de vier elementen en op het moment van de dood valt het weer uit elkaar in de vier elementen. Gedurende ons leven raken we echter steeds meer vereenzelvigd met onze fysieke vorm. Zelden stellen we ons vragen bij het organische proces dat zich ontvouwt en zelden staan we even stil om het vergankelijke kenmerk van het lichaam te erkennen. We herinneren ons dat we kind zijn geweest en we weten dat ons lichaam door de jaren heen is veranderd. Maar het komt zelden in ons op dat er geen enkele lichaamscel uit onze kindertijd is overgebleven. De fysieke materie van het kinderlichaam is volledig verdwenen; er rest slechts de herinnering. Elke cel is vervangen door nieuwe cellen. De geest creëert echter het waanidee dat dit hetzelfde lichaam is.

Zo verworden we tot de stapel van lijden die het vergankelijke

lichaam is. Dit lichaam is veeleisend en kwetsbaar; het is onder-
worpen aan ziekte, ouderdom en dood; het veroorzaakt de hunkering naar meer genot en minder pijn. Vrijheid van verkeerdelijk
identificeren met ons lichaam ontstaat niet door zelfverloochening
of door de vernietiging van de fysieke gedaante. Die vrijheid komt
eerder voort uit een radicale verandering van ons inzicht in wat
het betekent om te leven.

Het boeddhistische pad van mindfulness-meditatie begint met
een diepgaand onderzoek van het lichaam en de werking ervan.
Door meditatieve wijsheid komen we tot het begrip dat we de
tijdelijke huismeester van ons lichaam zijn: we leven met alle
verschijnselen die ontstaan door een zenuwstelsel, een spijsver-
teringskanaal, een onbewust werkend cardiopulmonaal systeem,
enzovoort. Het lichaam is niet wie wij zijn; het is alleen dat wat
wij momenteel ervaren. Vrij zijn van het bestaan als stapel van
het lichaam is vaak de eerste stap in het bevrijdingsproces dat *verlichting* of *ontwaken* wordt genoemd. Natuurlijk, net als met alle
andere inzichten kan het vernietigen van de onjuiste identificatie
met het lichaam alleen van moment tot moment gebeuren. Het
is onwaarschijnlijk dat we deze woorden lezen, de hier onthulde
waarheden overdenken en dat we daarna nooit meer het verkeerde inzicht hebben dat het lichaam is wie we zijn. Het is veel
waarschijnlijker dat we de identificatie pas na jaren van meditatiepraktijk langzaam loslaten en dat we ons enerzijds geleidelijk aan
bewust worden van het idee dat we een lichaam hebben, terwijl we
anderzijds erkennen dat dit niet onze blijvende of vaste identiteit
is. Dit is vaak de eerste stap in het ontrafelen van 'het touw van
onjuiste identificatie'.

2. De zintuiglijke gewaarwordingen

Het leven in het lichaam gaat voortdurend gepaard met prettige,
onprettige of neutrale zintuiglijke gewaarwordingen. Ons geest/
lichaam-proces is geprogrammeerd om alle dingen als plezierig of
onprettig te ervaren, of als geen van beide. Zoals ik al eerder heb
opgemerkt, zorgt een ingebouwd overlevingsmechanisme ervoor
dat we prettige ervaringen verkiezen boven de onprettige en dat
we wat neutraal is negeren of als saai ervaren. En dit is waar de

stapel van de zintuiglijke ervaring de kop opsteekt. We verplichten onszelf ten onrechte om alleen tevreden te zijn wanneer het leven prettig aanvoelt. We raken zo vereenzelvigd met de zintuiglijke indrukken van het lichaam dat we, wanneer het lichaam onprettige fenomenen ervaart, lijden creëren boven op de pijn. Zo blijven we ronddraaien in de cyclus van gehoorzaamheid aan de bevelen die de voorkeur van het lichaam voor genot ons geeft.

De volgende stap in het proces van bevrijding is het doorbreken van de kettingreactie van 'lijden wanneer het leven onprettig is' en 'enkel tevreden zijn wanneer het leven aangenaam is'. Daarom is een diepgaand onderzoek van de zintuiglijke sensaties in het lichaam de tweede stap in de boeddhistische inzichtsmeditatie. Door mindfulness van-moment-tot-moment krijgen we inzicht in het vergankelijke, onpersoonlijke en onbevredigende karakter van zowel genot als pijn. Alles verandert voortdurend en niets blijft lang genoeg bestaan om eraan gehecht te raken. Vrijheid ontstaat wanneer we 'dat wat is' leren aanvaarden, wanneer we onze vruchteloze pogingen staken om het oncontroleerbare te controleren. Dat is natuurlijk makkelijker gezegd dan gedaan. We moeten hier tegen ons instinct handelen. Zoals ik al eerder zei: identificatie met de zintuiglijke gewaarwordingen is een ingebouwd overlevingsinstinct. Het lichaam zal altijd naar genot hunkeren en een hekel hebben aan pijn; die neiging hebben lichamen nu eenmaal. Bevrijding ontstaat uit de radicale verschuiving naar een gewaarzijn dat zich niet meer identificeert met de hunkeringen van het lichaam. Hierdoor krijgt de vrije wil de ruimte om pijn met mededogen te beantwoorden en genot met niet-hechten. Dit is de vrijheid van de tweede stapel van lijden.

3. De gedachten en emoties

De objecten van de geest – onze gedachten en emoties – zijn de volgende in de rij ervaringen waarmee we ons ten onrechte identificeren. En deze onjuiste identificatie draagt bij tot verwarring en ellende. Onderdeel van onze menselijke ervaring is de gave van het denken en van het ervaren van emoties. De objecten van de denkende geest maken integraal deel uit van het leven. We moeten tenslotte toch in staat zijn om te plannen en te herinneren, om te scheppen en te analyseren. De geest is geen probleem op zich. Feitelijk is hij noodzakelijk en kan hij onze bondgenoot zijn bij het overwinnen van de oorzaken van lijden. Maar de geest heeft als het ware ook een geest van zichzelf en hij vertoont de neiging om op verouderde software te draaien.

Er zijn twee soorten gedachten: opzettelijke en onopzettelijke. Met andere woorden, gedachten als resultaat van onze welbewuste creatie en gedachten die door de geest gecreëerd zijn, onvrijwillig dus. Wanneer ik zeg 'de geest heeft een geest van zichzelf', dan bedoel ik daarmee de onvrijwillige gedachten die zonder onze intentie of instemming ontstaan. Net zoals bij lichamelijke gewaarwordingen, is het de menselijke tendens om alles wat zich in de geest aandient, persoonlijk op te vatten. We raken vereenzelvigd met onze gedachten; doordat we elke in de geest opkomende gedachte geloven, raken we gehecht aan ons denkproces en krijgen we de indruk dat de geestobjecten zijn wie wij zijn. Wanneer we bijvoorbeeld autorijden en we worden door iemand gesneden, dan is schrik onze meest directe ervaring: ons overlevingsinstinct neemt het over en het creëert een onvrijwillige reactie. Maar dat angstgevoel wordt meestal afgedekt door een ervaring van boosheid die (al net zo onvrijwillig) door de geest wordt gecreëerd. We zijn geneigd om de geest zo persoonlijk te nemen, dat we vervolgens een tijdlang boos zijn: 'Ik ben pissig op die idioot.' De waarheid is echter: eerst ontstond angst, daarna kwam boosheid op, en beide zullen overgaan als we dat toelaten. Maar het gebrek aan inzicht in het feit dat angst en boosheid onpersoonlijke overlevingsinstincten van geest en lichaam zijn, kan onze hele dag verknallen. We worden een hoopje boosheid!

Vanuit boeddhistisch perspectief is de geest slechts één van de organische processen van het lichaam. Ja, we kunnen denken, en ja, de geest schept denkbeelden en meningen, gebaseerd op eerdere ervaringen. Maar het hele proces is veel onpersoonlijker en universeler dan wij beseffen. De geest wordt een obstakel wanneer we de inhoud van de denkende geest verwarren met onze ware identiteit. Wat in de geest opkomt, is vaak alleen maar geprogrammeerd door ons overlevingsinstinct: 'Hoe kom ik aan meer genot?', 'Hoe kan ik pijn omzeilen?' Hierin ligt de kern van wat de geest gewoonlijk doet. Als we geloof hechten aan elke gedachte die in de geest opkomt, of aan elk gevoel, dan blijven we vastgeketend aan het lijden, als een slaaf aan zijn meester. Het is niet de geest die het probleem vormt, maar wel ons gebrek aan inzicht in de conditionering van de geest om op specifieke manieren met hunkering en aversie om te gaan. De geest is niet wie wij *zijn*. Hij is slechts één van de aspecten van het leven in een menselijk lichaam.

De geest ervaart zowel gedachten als emoties. Emoties ontstaan eerst in de geest en worden daarna in het lichaam ervaren. Ze gaan ook gepaard met een 'gevoelstoon' die prettig of onprettig is. Als we onze aandacht erbij houden, ervaren we hier de geest/lichaam-verbinding: deze stapel is gerelateerd aan de eerste twee. Gedachte noch emotie veroorzaakt lijden. Het zijn gehechtheid en aversie, onze slappe pogingen om genot en pijn te controleren, die lijden veroorzaken.

We breken de ketens van het lijden slechts door te breken met de 'verslaving' aan de geest. Net als bij elke verslaving is hier het verschil tussen de verslaafde en de niet-verslaafde, dat een niet-verslaafde in staat is om gedachten 'in te nemen' of te laten, afhankelijk van wat op dat moment gepast is. De meesten van ons missen gewoonlijk het vermogen om niet op een gedachte in te gaan. We dolen rond, verslaafd aan ons eigen denkproces terwijl we zomaar alles geloven wat in de geest opkomt. Zo blijven we geïdentificeerd met de stapel van verwarring en hunkeringen die het merendeel van onze gedachten en gevoelens voeden. Misschien zou het niet 'Ik denk, dus ik ben' moeten zijn, maar eerder 'Ik denk dat ik mijn geest ben, dus ik lijd'.

Nogmaals, alleen door diepe, meditatieve transformatie kunnen we ontsnappen aan de verslaving aan de geest. We kunnen ons niet naar vrijheid denken; we moeten de geest opnieuw trainen zijn eigen neiging tot onwetendheid te doorzien.

4. De perceptie

De volgende stap op het pad dat ons bevrijdt van de identificatie met deze stapels, is een radicale transformatie van de manier waarop we omgaan met perceptie. Onze waargenomen ervaring is vertroebeld, want we kijken door de lenzen van geconditioneerde hunkering en aversie. De geest klampt zich vast aan wrok in een zinloze poging ons te beschermen voor toekomstig leed. We worden een vast, autonoom bestaan gewaar, daar waar er geen is: het zelf waarover ik het eerder had, dat we baseren op onze herinnering.

De perceptie-stapel zorgt er ook voor dat we de vergankelijkheid ontkennen: we *zien* dingen als permanent waardoor we *veronderstellen* dat ze ook permanent zijn. Zolang we onszelf blijven zien als afzonderlijke, autonome wezens en we onze omstandigheden blijven beschouwen als permanent, kan er geen vrijheid van het lijden zijn. De perceptie van 'zelf' als afgescheiden van anderen begint af te brokkelen wanneer we, door meditatieve reflectie, de universele en onderling afhankelijke aard van alle dingen inzien.

De geest is in verwarring; hij creëert van nature een gevoel van afscheiding en individualiteit. Maar dit is een onjuiste perceptie. Als we ons mogelijk al separaat *voelen*, dan komt dit alleen doordat de waarheid van de universele verbondenheid wordt geblokkeerd door een gebrek aan ware wijsheid en inzicht. Hoe beter we de vergankelijkheid begrijpen, des te beter zien we in dat we – op een subtiel, misschien zelfs atomair niveau – slechts een zich ontvouwende stapel van energie zijn.

5. Het bewustzijn

Het bewustzijn, de ontvanger van alle gebeurtenissen in geest en lichaam die we tot dusver hebben onderzocht, zou wel eens de identificatie kunnen zijn die we het moeilijkst kunnen doorbreken. Vele wijze wezens hebben genoegen genomen met een verklaring voor het bestaan, gebaseerd op de onjuiste perceptie dat wij het bewustzijn zijn waarin de gehele wereld zich aandient. Vanuit boeddhistisch oogpunt is bewustzijn niets meer dan één van de onpersoonlijke, vergankelijke en onbevredigende aspecten van het bestaan. Het bewustzijn is niet het zelf; het is niet onze ware natuur. Juist niet: het is alleen maar nóg een verschijnsel van de geest. Het bewustzijn ontvangt de zintuiglijke prikkels van lichaam en geest. Het ontvangt onze emoties en percepties, maar uiteindelijk is er geen eigenaar van het bewustzijn. Integendeel, het bewustzijn ervaart zichzelf. We zijn gedachten zonder denker, gevoelens zonder voeler, waarnemingen zonder waarnemer. Lichaam en geest ervaren zichzelf. Hou op met alles zo persoonlijk op te vatten; hou op met in de stapel te trappen die bewustzijn ziet als zelf. Dit is de laatste taak van bevrijding.

Zoals mijn vriend Eric zo vaak zegt: 'Wees niet zo stapelgek.'

KARMA

Terwijl we proberen het vastklampen en de aversie – opgelegd door het overlevingsinstinct – los te laten en trachten de vergankelijke, onpersoonlijke en onbevredigende aard van het leven te aanvaarden, worden we geleid door de wet van karma. We leven op een bestaansniveau waar vele natuurlijke en onweerlegbare wetten heersen. Met sommige daarvan, zoals de zwaartekracht en het concept dat energie niet gecreëerd noch vernietigd wordt, zijn we allemaal vertrouwd. De wet van karma is al net zo onweerlegbaar: alle intentionele handelingen hebben gevolgen. In essentie betekent het dat we absoluut en volledig verantwoordelijk zijn voor al onze intentionele handelingen én voor de consequenties die uit elke handeling voortkomen. Kort gezegd: niemand komt ooit ergens mee weg.

Bijvoorbeeld: wanneer je een leugen vertelt en je wordt er niet op betrapt, dan nóg zul je ervoor boeten. Het karmische gevolg uit zich gewoonlijk in schuldgevoel of in de angst ontmaskerd te worden. Mensen die van leugens een gewoonte maken, leiden op den duur een dubbelleven waarbij ze zich van zichzelf losgekoppeld voelen. Ze hebben niet langer het vermogen om het ware geluk te ervaren, want volgens de wet van karma is het ware geluk afhankelijk van waarachtigheid.

Hier zitten we dan, in leven, tenminste tijdelijk, op een planeet, in een menselijke staat die niet is afgestemd op de realiteit waarin zij verkeert. De uitdagingen waar we voor staan, zijn immens maar niet onoverkomelijk. De Boeddha heeft ons een gedetailleerde kaart nagelaten, een plattegrond van het terrein waar we doorheen moeten, een wegwijzer die ons aanmoedigt om tegen de stroom in te waden en ons een weg te banen, dwars door de stortbuien van hebzucht, haat en waan. Het resultaat van de boeddhistische meditatiepraktijken is dat onze ogen geopend worden, zodat we wijds wakker kunnen zijn. We moeten wel oppassen dat we niet verstrikt raken in de val het geluk in de wereld te willen zoeken – FTW (*Fuck The World*) dus. Het wereldse kan ons geen echte geborgenheid geven en ook niet het ware geluk. We moeten er ook voor waken om niet te fanatiek te worden in onze spirituele aspiraties en zo in de val van religie te trappen. De meditatieve praktijken die in dit boek worden aangeboden, zijn niet bedoeld om religieuze devotie op te wekken, noch om een 'quick fix' toe te schuiven. Integendeel, ze zijn een hulpmiddel om een langdurige verbintenis met ons eigen hart aan te gaan. Hierdoor kunnen we ontsluieren wat er altijd al was.

2

TRAIN DE AAP

het pad van beoefening voor ongetemden

Het middelpunt van onze menselijke ervaring is het emotionele cluster dat we 'hart' noemen. Ons hart kan de diepste liefde en het grootste genot opwekken maar het kan ook de bron zijn van onvoorstelbare wreedheid en haat. Het hart waarover we het hier hebben, is natuurlijk niet de hartspier in onze borstkas. Maar, gevraagd naar de plek van het emotionele hart of het centrum van het emotionele zijn, wijzen de meeste mensen het midden van de borst aan, de zonnevlecht. En deze bevindt zich heel dicht bij het fysieke hart. Inderdaad, ervaringen in het emotionele hart beïnvloeden vaak het fysieke hart. Romantische liefde bijvoorbeeld kan de hartslag doen stijgen, terwijl verdriet een beklemmend gevoel rond de hartspier kan opwekken.

Door mindfulness en via boeddhistische psychologie weten we dat het de geest is waar emoties eerst opwellen, ondanks de fysieke reacties. Zonder zelfbeschouwend onderzoek zou het kunnen lijken alsof emoties eerst in het lichaam opkomen. Angst bijvoorbeeld voelen we aanvankelijk als een fysieke stroom adrenaline. Deze illusie wordt gecreëerd door de totale en complexe verbondenheid van het lichaam met de geest. Wanneer je echter goed oplet, zul je ontdekken dat emoties eerst als mentale objecten ontstaan, maar dat ze vervolgens vrijwel onmiddellijk worden ervaren als fysieke fenomenen. De Boeddha stimuleerde dan ook de training van de geest én het hart. In zijn raadgevingen gebruikte hij soms het woord *citta*, dat zowel hart als geest betekent. De Boeddha begreep dat de geest niet losstaat van het hart. Integendeel, ons hart is volledig verbonden met wat er in onze geest gebeurt. Neem dit ter harte wanneer ik in dit boek termen gebruik als *hart* en *geest*; ze zijn vaak uitwisselbaar en ik voeg ze dikwijls samen als hart/geest.

Laten we met deze waarschuwing in gedachten terugkeren naar de kern van dit hoofdstuk. Er is iets aan de hand met die menselijke ervaring die we het best kunnen beschrijven als 'het hart'. Mijn leraar en vriend Jack Kornfield heeft er zo prachtig over verteld en geschreven: het pad van ontwaken is 'een pad met hart'. Net zoals geest en lichaam is het hart niet natuurlijk in harmonie met de werkelijkheid van het leven. Bovendien wordt het ongetrainde hart gestuurd door hebzucht, haat en waan als diep instinctieve driften. Daarom is boeddhisme niet een soort 'volg je hart'-filosofie. Integendeel, op dit pad *trainen* we het hart om te reageren met mededogen, vriendelijkheid, barmhartigheid en vergeving. Dit pad van harttraining is het uiteindelijke doel van boeddhisme. De Boeddha beschreef het ongetrainde geest/hart als een wilde aap. Het 'aaphart' heeft de neiging om van emotie naar emotie te slingeren, van toekomst naar verleden, van het ene verlangen naar het andere. De praktijken die we in dit hoofdstuk even aantippen (en die we verderop volledig zullen uitwerken) bieden ons methoden om de aap als het ware te trainen. Wanneer we de aap leren om even te chillen, om op te letten, om meer tijd te besteden aan wijze gedachten en gevoelens, en minder aan dwaasheden, dan geven we de aap een schuilplaats, een veilig thuis in onszelf. De aap wordt minder bang. En samen met de gevoelens van veiligheid ontstaat het vermogen tot helderder zien, waardoor we ons leven de juiste richting kunnen geven. Het getrainde hart verschaft ons toegang tot de wijze antwoorden die in ons schuilen. En deze antwoorden leveren ons meer geluk op, en minder lijden.

Ik ben tot de overtuiging gekomen dat gevoelens van vrijgevigheid, mededogen, liefdevolle vriendelijkheid, waardering en gelijkmoedigheid (balans) natuurlijke bijproducten zijn van het meditatieve pad. Ook is mij duidelijk geworden dat het uiterst belangrijk is om deze kwaliteiten in onszelf te kweken en om energie te stoppen in de systematische en intentionele ontwikkeling van deze hart/geest-toestanden. Waarom wachten tot deze toestanden spontaan ontstaan wanneer we, door ze intentioneel bloot te leggen, sneller tot bevrijding kunnen komen?

De Boeddha zei: 'Zie af van wat niet vaardig is. Men kán afzien van wat niet vaardig is. Als dit niet mogelijk was, dan zou ik u niet vragen om het te doen. Als afzien van wat niet vaardig is schade zou berokkenen, dan zou ik u niet vragen om het te doen. Maar omdat het nut en geluk oplevert, daarom zeg ik "zie ervan af".' Hij ging verder: 'Ontwikkel het goede. Men kán het goede ontwikkelen. Als dit niet mogelijk was, dan zou ik u niet vragen om het te doen. Als dit ontwikkelen schade zou berokkenen, dan zou ik u niet vragen om het te doen. Maar omdat het ontwikkelen van het goede nut en geluk oplevert, daarom zeg ik "ontwikkel het".' Wanneer we door middel van meditatie en de erkenning van onze onderlinge verbondenheid met anderen de diepste vrijgevigheid, compassie, liefdevolle vriendelijkheid, waardering en gelijkmoedigheid in de hart/geest nastreven, leren we *af te zien* van niet-vaardige mentale toestanden of ze los te laten. Ook leren we vaardige geestesgesteldheden te *ontwikkelen*.

Bijvoorbeeld: misschien voelen we aanvankelijk alleen maar hoe boos we zijn; maar we zouden ons geleidelijk aan kunnen realiseren dat de woede gevoed wordt door angst. Wanneer we, zoals in het voorbeeld in het vorige hoofdstuk, door een andere chauffeur in gevaar worden gebracht – misschien werden we gesneden – dan zijn we boos. Misschien schelden we die andere chauffeur uit en benadrukken we ons gevloek met 'de middelvinger'. Maar wat er eigenlijk ontstond, is angst: de angst voor letsel of de angst dat onze auto beschadigd zou raken. Angst is de *primaire* emotie, en woede is de *secundaire* reactie op die angst. De praktijk van liefdevolle vriendelijkheid zal ons leren om vriendelijk te zijn tegen onze angsten en de aap met zachtheid en barmhartigheid te behandelen. En de praktijk van mededogen zal ons in staat stellen om het lijden door angst en boosheid met zorgzaamheid te beantwoorden. Zo worden niet-vaardige gemoedstoestanden zoals angst en boosheid met vriendelijkheid en mededogen tegemoet getreden.

Het proces van afzien van wat niet-vaardig of ongezond is, verloopt geleidelijk. Er is tijd voor nodig. We laten al het niet-vaardige gedrag niet zomaar los vanaf het eerste moment waarop we beginnen met beoefenen. Het proces vereist een geleidelijke, systematische training, maar nooit dwang. De training van de aap moet via een langdurige en geleidelijke methode verlopen, waarbij we de aap zacht en liefdevol aanmoedigen om terug te keren naar het hart. Je hoeft niet te wachten om met de training van je hart te beginnen; start nu, door je aandacht te richten op je ademhaling, je lichaam, je geest en je emoties. Zet je in om alles wat in je gewaarzijn opkomt met vriendelijkheid te ontmoeten. Verderop in het boek krijg je specifiekere aanwijzingen. Maar het is nooit te vroeg om je aandacht met vriendelijke intenties naar binnen te richten. Net zomin als dwang hier de drijvende kracht is, is angst dat ook niet. Wanneer we door 'gewaarzijn in het nu' inzien hoe pijnlijk die niet-vaardige, ongezonde gemoedstoestanden van woede, angst, hebzucht, jaloezie, egoïsme en lust eigenlijk zijn, wanneer we inzien dat handelingen voortkomend uit deze gemoedstoestanden, pijn en/of lijden bij onszelf en anderen veroorzaken, pas dan zijn we klaar om los te laten.

Het kweken van gezonde gemoedstoestanden verloopt al net zo geleidelijk. Wanneer we beetje bij beetje, op een steeds dieper niveau om anderen en om onszelf gaan geven, dan beginnen onze aangeboren vriendelijkheid, liefde en vrijgevigheid naar boven te komen. Terwijl we stoppen met het onderhouden van ongezonde en niet-vaardige gemoedstoestanden – terwijl ze dus geleidelijk oplossen – beginnen we met het kweken van vaardige gemoedstoestanden. Langzaam, na jaren van beoefening, ontstaat er een transformatie. 'Het goede' kweken betekent niet dat we deugden overnemen die buiten onszelf liggen. Het betekent dat we ons aangeboren potentieel tot liefde en verbinding blootleggen. Dit potentieel ligt diep in onszelf begraven doordat we een leven lang met de verkeerde informatie opgezadeld werden en ons nooit de waarheid werd verteld. Het werd aan ons oog onttrokken door onze eigen verwarde pogingen om geluk te vinden in sensueel genot, of door haat, door wraak of door onze persoonlijke top tien van verwarringen, hoe die er ook uit mag zien. 'Het goede' kweken betekent: het ontsluieren of terugvinden van de wijsheid en het mededogen die als potentieel in *ieder* van ons aanwezig zijn.

Het komt erop neer dat we beginnen met onze intenties, handelingen en gemoedstoestanden op één lijn te brengen met een visie op het ontwaakte hart. Dat is wat mahayana-boeddhisten bedoelen wanneer ze het hebben over onze 'boeddhanatuur': ons aangeboren vermogen tot ontwaken. In ieder van ons is een natuurlijk ontwaakt aspect van het hart aanwezig, al is het verborgen. Het goede nieuws is dat het kan worden onthuld. Hoe?

Door het pad te bewandelen. Door de waarden en de theorieën die de Boeddha onderwees en toelichtte, in praktijk te brengen. Door ons in te spannen om af te zien van het niet-vaardige en het goede te cultiveren. En dit niet alleen op het meditatiekussen maar in alle aspecten van ons leven. We beginnen met het eerste doel van meditatie, de formele zitpraktijk. Maar vervolgens breiden we onze intentie uit naar alle onderdelen van ons leven, ook naar de werkplek en – misschien wel de moeilijkste en belangrijkste beoefening – naar onze relaties.

De lessen in dit boek verschaffen een gedetailleerde kaart van je hart. Ze zijn een gids die je helpt om je hart in harmonie te brengen met de realiteit. De training van de aap zal leiden tot een hart dat vriendelijkheid, mededogen, vrijgevigheid, vergeving en liefde uitstraalt.

3

GEDREVEN TOT REVOLUTIE

geloof: niet wat we geloven, maar wat ons motiveert tot actie

Over boeddhisme wordt vaak gezegd dat het niet om geloof vraagt, maar dat het mensen slechts in staat stelt om zelf uit te zoeken wat waar is. Volgens mij klopt dit over het algemeen wel voor boeddhisme. Maar, hoewel ik me vaak schuldig heb gemaakt aan het verkondigen van de 'ongeloof-boodschap' van de Boeddha, lijkt het me belangrijk om toe te geven dat de aangeboden leer en de beoefeningen waartoe je wordt aangemoedigd, toch om een zekere mate van geloof vragen. Anders dan in veel religieuze en spirituele richtingen vraagt het boeddhisme je echter niet om ook maar iets te geloven wat je niet zelf kunt bevatten. Alle wijsheid van de Boeddha staat ter beschikking: je kunt haar toetsen aan je eigen ervaring.

We kunnen zelf de getoetste waarheid in al onze handelingen ervaren. Het kan wel even duren voordat het ons lukt de verwarring, de conditionering en de onwetendheid die de bevrijdende waarheid en het geluk blokkeren dat het boeddhisme belooft, te ontmantelen. Ondertussen wordt ons gevraagd te geloven dat het op lange termijn de moeite waard is, om tijd en moeite te besteden aan onze dharmapraktijk, aan onze pogingen om de aap te trainen en zo zelf de wijsheid van de Boeddha te ervaren.

Ondanks de 'niet-geloven aanpak' in het boeddhisme, zei de Boeddha zelf op een bepaald moment dat geloof altijd een eerste vereiste is voor actie op het spirituele pad. We zouden hier het woord 'geloof' kunnen vervangen door 'vertrouwen' of 'inspiratie'. De Boeddha deed deze uitspraak toen hij uitlegde hoe hij, vóór zijn *verlichting*, iemand tegen het lijf liep die hem inspireerde.

Hij ontmoette een gozer die spiritueel heel toegewijd was en hij merkte dat die man gelukkiger leek en een zinvoller leven leek te leiden dan hijzelf. De jonge Siddhartha (de geboortenaam van de Boeddha) werd door dit voorbeeld enthousiast om meditatie en spirituele principes te gaan uitproberen. Hij had een zeker *geloof* dat het de moeite van het uitproberen waard was. En hij had vertrouwen in zijn eigen vermogen om zijn geest en hart te trainen, voorbij de religieuze dogma's te kijken en de bevrijdende waarheid zélf te ervaren. Het geloof dat iemand anders in hem had gewekt, was de eerste vereiste voor zijn innerlijke revolutie.

Wat bracht *jou* naar de boeddhistische lessen en praktijken? Wat inspireerde jou om over de revolutionaire dharmalessen te lezen en om ze toe te passen? Was het iemand die je ontmoette, een boek dat je las, een goede acid trip, een slechte acid trip, of iets anders? Hoeveel vertrouwen heb je in de lessen van de Boeddha? Zit er ook enig gezond wantrouwen en twijfel in je antwoord? Of heb je de complete dharma zomaar 'in geloof' aanvaard? Of misschien ben je een veteraan van de spirituele zoektocht en heb je de waarheid van de dharma al gecheckt door je eigen directe ervaringen.

Zo vertaald is geloof een belangrijk aspect van het pad. Hier heb je mijn eigen ervaring met vertrouwen: toen ik aan het eind van mijn tienerjaren in de gevangenis zat, stond ik sceptisch tegenover mindfulness-meditatie. Ik was wel tussen het boeddhisme opgegroeid maar ik begreep niets van de specifieke praktijk. Waar is dat stilzitten goed voor? Ik had er geen enkel vertrouwen in dat het ook maar iets kon veranderen. Maar ja, al die jaren van drugs-verslaving, misdaad en nu dan gevangenschap… wat had ik nog te verliezen? Mijn geest opende zich langzaam voor de mogelijkheid van een nieuw pad. Een gesprek met mijn vader waarin hij mij uitlegde hoe mindfulnessmeditatie mij kon helpen, inspireerde me om het zelf uit te proberen. In het begin was ik nog erg sceptisch over boeddhisme, maar ik had wél een beetje vertrouwen in mijn vader. Hij ontstak in mij het eerste vlammetje van bereidheid om meditatie te proberen. En tot mijn grote verrassing en opluchting merkte ik vrijwel onmiddellijk nadat ik ermee begonnen was, dat meditatie een heel handig hulpmiddel bleek. Ik vermoedde dat dit nog maar het topje van de ijsberg was van wat er met mindfulness mogelijk was. Maar zelfs die prille ervaring wakkerde in mij al het vertrouwen aan in meditatietechniek en, meer algemeen, in het pad van de Boeddha.

Maar, onze eerste inspiratie of ons geloof in iemand anders – die noodzakelijke eerste vereiste – moet uiteindelijk altijd vervangen worden door een getoetst geloof, een op onze eigen ervaring gebaseerd vertrouwen. En juist dit tweede onderdeel ontbreekt in de meeste georganiseerde religies en het wordt genegeerd door veel dilettanten in het boeddhisme.

Er is nóg iets belangrijks wat geloof betreft, iets dat vaak verkeerd wordt begrepen: de plaats van twijfel en angst in de geest van de beoefenaar. Zelfs de Boeddha was ontvankelijk voor negatieve gevoelens. Zoals eerder al is beschreven, had de Boeddha voortdurend – zelfs tijdens zijn proces van ontwaken – te maken met een aspect van zijn geest dat hij 'Mara' noemde: het onderdeel van de geest dat verlangen, afkeer en twijfel ervaart. Eigenlijk is de Boeddha's ervaring van *verlichting* niets anders dan het verhaal van zijn strijd met Mara. Mara valt de Boeddha aan met lust, angst en geweld. Maar wanneer de Boeddha hierdoor niet van zijn besluit om te ontwaken wordt afgebracht, valt Mara hem aan met zijn krachtigste wapen: de twijfel. De Boeddha beantwoordt elke aanval met wijsheid en mededogen. En hij verweert zich tegen de twijfel door na te denken over al het harde werk dat hij achter de rug heeft; daarbij opent hij zijn hart voor geloof en vertrouwen, gebaseerd op de vooruitgang die hij tot dan toe heeft gemaakt.

Het getoetste geloof van de Boeddha zorgde ervoor dat hij de strijd met Mara won, maar hun relatie was hiermee nog niet voorbij. Nee, Mara bleef hem zijn leven lang bezoeken. Anders gezegd zou je kunnen stellen dat de Boeddha verder leefde met Mara als onderdeel van zijn geest. Ondanks zijn bevrijding van persoonlijke identificatie met Mara en zijn zogenaamd machtige bevelen, had de Boeddha nog steeds een menselijke geest. Mara bleef hem dus regelmatig opzoeken om te kijken of de wijsheid en het mededogen van de Boeddha al barstjes vertoonden. Angst, verlangen en twijfel bleven opdoemen in de geest van de verlichte Boeddha. Het verschil was echter dat hij nu steeds reageerde met: 'Ik zie je, Mara.' Hij nam Mara's bezoekjes niet persoonlijk en hij voelde geen enkele aanleiding om ernaar te handelen. Hij zag angst, verlangen en twijfel zoals ze waren en reageerde erop met zorgzaamheid en begrip.

Waar het hier om gaat is dit: als de Boeddha zélf al met twijfel te maken had, dan zullen wij er natuurlijk ook mee moeten omgaan. Twijfel is niet de afwezigheid van vertrouwen; het is alleen één van de aspecten van de geest. Uiteindelijk moeten we leren om vertrouwen en twijfel te laten samenwonen. Wanneer we vriendjes met onszelf willen worden dan moeten we elk aspect van ons wezen onder ogen zien, dus ook elke uiting van Mara. Dit alles biedt ons een meer praktische en meer haalbare definitie van geloof. We zijn niet op zoek naar het klakkeloos aanvaarden van een ideologie of dogma, maar naar het geloof en het vertrouwen om te volharden in het aangezicht van twijfel en angst.

Het pad dat leidt tot bevrijding van het hart, het pad van de dharmapraktijk, is wel eens vergeleken met een lange en moeilijke tocht door een onbekende wildernis. Aan het begin van onze reis ontmoeten we iemand of lezen we over iemand die dezelfde tocht al vóór ons heeft gemaakt; iemand die zich door de wildernis van zijn of haar hart/geest heeft gevochten en die getransformeerd is teruggekeerd, ontwaakt en gerust in het hele leven. We raken geïnspireerd. We hebben een zeker vertrouwen ontwikkeld dat deze reis de moeite van het ondernemen waard is. We pakken onze koffers en zetten koers langs het pad. Eerst zijn we vervuld van de energie en het enthousiasme van het vertrouwen dat ons voortstuwt. Bij sommigen houdt dit vertrouwen lange tijd aan; voor anderen wordt de reis al snel steeds moeilijker; hun geloof wordt overspoeld door twijfel. Het lijkt er echter op dat we allemaal ergens op een bepaalde plek langs het pad de aanvallen van Mara zullen moeten pareren: we voelen ons verdwaald in de woestijn of doodsbang in de wouden van onze geest. Op zulke momenten moeten we nadenken over ons eerdere vertrouwen en over de aantoonbare vooruitgang die we al hebben gemaakt. Het is in die moeilijke periodes ook belangrijk dat we onszelf eraan herinneren dat we gewaarschuwd werden voor deze woestijnen en wouden; we moeten voor ogen houden dat de plekken die ons afschrikken en die hopeloos gevaarlijk lijken, aanwijzingen zijn dat we steeds dichter bij onze bestemming komen. Angst is vaak de manier van Mara (de geest) om ons gevangen te houden binnen de veilige, maar armzalige grenzen van een bestaan dat is gebaseerd op overleven.

Langs de weg van ontwaken zal onze hoeveelheid vertrouwen ongetwijfeld fluctueren als eb en vloed. De sleutel ligt in het volhouden van de voorwaartse beweging, zelfs tijdens dagen waarop we meer twijfel dan zelfvertrouwen ervaren.

Vertrouwen is goed; twijfel is normaal. Ga door! De revolutie ligt in het verschiet.

DEEL 2

DE MIDDENWEG VAN DE 1%-ERS VAN HET HART

*tussen het dode spoor van het wereldlijke
en het dode spoor van de religie*

4

GENADE IS NIET MEER
ALLEEN VOOR DE GODEN

de radicale praktijk van niet-schaden

De term *genade* wordt in de meeste boeddhistische scholen niet vaak gebruikt. Toch is het voor mij een ongelooflijk nuttig concept gebleken. Laten we het woord eerst definiëren. Mijn definitie van genade is in de vorm van een werkwoord: ophouden met kwetsen, stoppen met schade berokkenen, beëindigen van lijden. In het woordenboek wordt het eerder gedefinieerd als 'mededogen voor iemand over wie je macht uitoefent'. Het woord wordt in de westerse religieuze context vaak gebruikt in de zin van die laatste definitie: God die de mens genade schenkt. Maar vanuit boeddhistisch perspectief zijn we niet geïnteresseerd in het concept van externe krachten of 'God'. We zien in dat wij allemaal een bepaalde macht over onszelf hebben. We hebben bijvoorbeeld de macht om onszelf en anderen schade toe te brengen. Vanuit boeddhistisch oogpunt betekent 'genade schenken' dus: mededogen hebben voor onszelf en anderen; stoppen met schaden of ten minste de hoeveelheid lijden die we veroorzaken verminderen.

De Boeddha zei vaak dat zijn lessen alleen het stoppen van het lijden tot doel hadden. Voor mij staat dat doel gelijk aan genade. De dharma van de Boeddha is een pad van genade, een pad van het beëindigen van het lijden door wijze en mededogende handelingen. De Boeddha leert ons om barmhartig te zijn voor onszelf, voor elkaar en voor deze wereld.

In boeddhistische kringen wordt er veel nadruk gelegd op mededogen. Maar, zoals ik eerder al zei, in het begin was mededogen voor mij ontoegankelijk. Hoewel ik ontdekte dat ik in die begindagen weinig aanleg had voor mededogende respons, bezat ik toch wel het vermogen om mezelf af en toe geen schade toe te brengen. Er waren dus momenten van genade. Er was misschien niet veel liefde, maar wel heel simpel de bereidheid om te stoppen met kwetsen. Genade verlenen betekent niet noodzakelijk dat je met mededogen reageert op jezelf of anderen. Soms is het de stap *vóór* mededogen: de bereidheid om je te onthouden van schadelijke handelingen, niet uit liefde of mededogen maar alleen uit zelfbehoud. Vaak leren we eerst de pijn te verdragen voordat we de sprong richting mededogen kunnen maken.

En toch, op zich is het dulden van de onvermijdbare pijnen in het leven al een daad van barmhartigheid. Want we veroorzaken lijden wanneer we die pijn *niet* verdragen. Meditatie laat ons dit duidelijk zien. Wanneer we in meditatieve stilte zitten, voelt ons lichaam gaandeweg ongemakkelijk aan. We hebben de neiging om de pijn te vermijden of te verlichten ófwel om hem met boosheid en aversie aan de kant te schuiven. We voeren strijd tegen de pijn. De woede tegenover onze pijn voert ons naar een andere laag van lijden; met andere woorden: het emotionele lijden door haat vormt een extra laag boven op de pijn van het stilzitten. Wanneer we leren om onze pijn met verdraagzaamheid tegemoet te treden, dan beëindigen we het emotionele lijden door haat. Dit is een daad van genade tegenover onszelf, een contra-instinctieve rebellie. Naarmate ik leerde om mijn fysieke, emotionele en mentale pijnen te verdragen in plaats van ze te haten, zag ik in dat pijn niets meer was dan een onplezierige zintuiglijke ervaring. Het echte lijden werd veroorzaakt door weerstand, angst en haat. Vervolgens voelde ik gaandeweg genade voor mezelf. Ik begon met even te pauzeren op moeilijke momenten, aandacht te hebben voor de gewaarwordingen en ze toe te laten zonder erop te reageren. Telkens als ik mededogend probeerde te zijn, stuitte ik op een stalen muur in mijn hart. En hoewel ik niet bij de zachtheid van een liefhebbend hart kon komen, voelde ik wel dat mijn lijden enigszins verlicht werd doordat ik mijn pijn niet meer zo haatte. Met andere woorden, ik had baat bij genade.

Genade heeft echter een functie die verder reikt dan onze relatie met pijn. Zoals ik hierboven heb laten zien, betekent 'genade' stoppen met het veroorzaken van schade; het tonen van mededogen.

En zoals we allemaal weten, lijden we niet alleen door de pijnen en moeilijkheden in het leven. We veroorzaken ook een enorme hoeveelheid lijden door onze relatie met genot. We neigen naar hunkering en vastklampen, zoals we in een eerder hoofdstuk zagen. Ons biologisch overlevingsinstinct zendt voortdurend verlangens naar geest en lichaam om te genieten en dat te laten voortduren. We raken gehecht aan elk fijn gevoel, aan elke prettige gedachte, smaak, geur en geluid. Maar alles is vergankelijk en dus hunkeren we naar, en klampen we ons vast aan *voorbijgaande* ervaringen. Genot duurt *nooit* lang genoeg; we kunnen nooit het plezier lang genoeg laten duren om alle verlangens te bevredigen. Lijden is het onvermijdelijke resultaat van het omklemmen van voorbijgaande ervaringen. Elk moment van hechten of vastklampen veroorzaakt een zekere mate van lijden omdat we rouwen om het verlies van plezier. We vergeten vaak dat we de macht en het vermogen hebben om gewoon los te laten. Elk moment van loslaten is een daad van genade. Deze subversieve daad van niet-hechten staat gelijk aan een innerlijke staatsgreep.

Wanneer een alcoholist stopt met drinken komt dat niet door een wonder of door de gratie Gods. Het is het resultaat van een daad van barmhartigheid voor het 'zelf'. Als iemand afziet van *welke* substantie dan ook die schadelijk is voor het 'zelf', dan is hij of zij genadevol.

Lang geleden leed mijn vriend en collega Pablo Das aan angst- en paniekaanvallen. Door meditatie en wat wijze hulpverlening zag hij in dat zijn consumptie van cafeïne één van de voornaamste oorzaken van zijn paniekgevoelens was. Hij begon aandachtig te letten op de hoeveelheid koffie, frisdrank en chocolade die hij consumeerde. Toen hij het bewijs zag dat zijn angsten inderdaad gevoed werden door cafeïne, stopte hij met het gebruiken van alles wat cafeïne bevat. Zijn onthouding was een daad van barmhartigheid: hij was in staat om zichzelf niet meer te schaden met die substanties.

Genade is een stap in de goede richting. Totdat we in staat zijn om de liefde en het mededogen in ons hart te ontsluieren, zal het beoefenen van 'minder schade berokkenen' en barmhartigheid het hoofdbestanddeel zijn van onze praktijk.

5

MEDEDOGEN: HET WAPEN VAN ECHTE REVOLUTIONAIREN

het subversief blootleggen van het tegengif voor lijden

Wanneer we het hart trainen, gaan we uit van het begrip dat pijn een gegeven is. Daarna leren we de pijn te tolereren en beginnen we die gaandeweg met genade te behandelen. De volgende stap is mededogen. We zullen onze grootste bevrijding ervaren wanneer we het mededogen ontsluieren, wanneer we leren om pijn met liefde te benaderen in plaats van met haat. Het woord dat de Boeddha gebruikte voor 'mededogen' is *karuna*. Je kunt het vertalen als 'een beweging in het hart als antwoord op pijn'. Mededogen is simpelweg het ervaren van 'zorgzaamheid voor de pijn', onze pijn en die van anderen.

Pijn is een gegeven. Dat hadden we eerder al vastgesteld. Wij allen ervaren pijn, niet zomaar af en toe maar dagelijks. Pijn is het gevoel dat voortkomt uit de onprettige ervaring zelf, uit de sensatie, de emotie, de gedachte of de ervaring die onaangenaam overkomt. Voor de ongetrainde hart/geest is lijden ook een gegeven, boven op de pijn. Lijden is de laag van weerstand, woede, verwarring en wanhoop die we creëren *als reactie op pijn*. Door te oefenen kunnen we het vermogen ontwikkelen om te kiezen hoe we de pijn zullen beantwoorden. Zo verminderen we ons lijden.

We hebben de instinctieve neiging om pijn met afkeer tegemoet te treden. Met andere woorden: we proberen pijn weg te duwen. Bedenk even: wat is jouw eerste reactie wanneer je bijvoorbeeld je teen stoot? De meesten van ons reageren of met aversie (proberen de pijn weg te duwen) of met ontkenning (doen alsof de pijn er niet is). De ervaring van vrijheid ontstaat echter wanneer we door mindfulness wijs leren reageren op pijn: niet met aversie, maar met mededogen. Wanneer we onze teen stoten, kunnen we trachten om liefde en mededogen naar die pijn te zenden in plaats van haat; we kunnen leren om de pijn milder te benaderen in plaats van er spanning omheen te creëren. Zoals ik al eerder zei: genade is vaak een stap richting mededogen. Door te oefenen begrijpen we als eerste dat pijn onvermijdelijk is. Daarna geven we gaandeweg de instinctieve strijd op tegen de onvermijdelijke pijn die we ervaren. Vervolgens ontwikkelen we genade voor de pijn doordat we hem leren te aanvaarden en te tolereren. Deze basis stelt ons uiteindelijk in staat om de aanvaarde en getolereerde pijn met de zorgzame en liefdevolle respons die mededogen heet, te benaderen.

Mededogen is passend voor onze eigen pijn en voor die van anderen, zowel persoonlijk als onpersoonlijk. In mijn geval ontwikkelde mededogen zich met vallen en opstaan. Gedurende de eerste helft van mijn leven trachtte ik de pijn te ontkennen en ervoor te vluchten. Dat lukte me niet echt: hoeveel drugs ik ook nam, ik landde altijd weer; hoeveel seks ik ook had, er kwam telkens een eind aan; hoeveel aandacht ik ook kreeg, de eenzaamheid keerde steeds terug. De pijn leek me altijd weer in te halen. Uiteindelijk moest ik accepteren dat het onmogelijk is om je volledig van pijn te ontdoen. Aversie, ontkenning, woede en onderdrukking, ze werken eenvoudigweg niet. Toen ik eenmaal mijn geest had opengesteld voor de mogelijkheid van mededogen en toen ik de beoefeningen van de Boeddha had onderzocht, merkte ik zelf dat de pijn draaglijker werd. Hij leek sneller te verdwijnen wanneer ik hem met vriendelijkheid en zorgzaamheid tegemoet trad, in plaats van met angst en vermijding. Het wegduwen van fysieke en emotionele pijn is als het opwerpen van een dam tegen de vergankelijke ervaring: de pijn gaat niet weg, hij wordt alleen maar opgestapeld. Maar uiteindelijk barsten de sluizen open en worden we geconfronteerd met de waarheid van ons lijden dat we zelf hebben gecreëerd.

Mededogen is geen softe en makkelijke beoefening, al zou de alledaagse invulling van het woord dat kunnen suggereren. Woede en aversie die zijn makkelijk. Mededogen daarentegen is hardcore, het tegengif tegen lijden. Het is een heel praktische en toepasbare manier van omgaan met de hindernissen in het leven. Mededogen is natuurlijk niet onze enige keuze wanneer we met pijn worden geconfronteerd; voor de meesten ook niet het eerste instinct. Maar het is wél de enige keuze die werkt als we ons willen ontdoen van lijden.

Voor velen blijkt mededogen makkelijker op te brengen voor het lijden van anderen dan voor het lijden van het zelf. Hoewel het een nobele en wijze ervaring is wanneer we ons bekommeren om het lijden en de pijn van anderen, onze zorgzaamheid zal hun lijden noch dat van onszelf beëindigen. Het lijden stopt pas wanneer we onze *eigen* pijn met mededogen behandelen. Wanneer we toegewijd zijn aan het pad van niet-hechten, wanneer we in harmonie leven met de principes die we in de wereld willen zien, dan pas zal ons mededogen echt zijn. Daarbij moeten we uitgaan van het ware potentieel voor vrijheid en niet vanuit de waanwens dat de pijn moet verdwijnen.

Onthoud echter dat mededogen niet hetzelfde is als 'je van de pijn ontdoen', althans niet altijd. Een deel van de pijn die we ervaren is nodig en belangrijk. Daarom moeten we niet verstrikt raken in de afkerige neiging om te proberen alle pijn in de wereld trachten te stoppen. Pijn is meestal niet het probleem; de haat voor pijn is het echte probleem. Die vormt de deklaag van lijden waarover ik het eerder had. Sommige mensen gebruiken het woord *mededogen* als licht versluierd excuus voor aversie. Een voorbeeld: bij meditatie zeggen sommigen dat ze tijdens een periode van zitmeditatie uit mededogen voor zichzelf hun lichaamshouding moesten aanpassen. Hier is geen mededogen aan het werk; dit is afkeer voor pijn. Let wel, er is niets mis met zachtaardigheid en geduld als het gaat om ons vermogen om pijn te verdragen. Ik moedig niemand aan om een macho 'stilzitten, wat er ook gebeurt'-houding aan te nemen. Helderheid is echter belangrijk: handelen uit afkeer is niet hetzelfde als handelen uit mededogen; uiteindelijk moeten we het vermogen ontwikkelen om stil te zitten en onszelf open te stellen voor inzichten in het vergankelijke karakter van pijn.

Er wordt dezer dagen in Californië veel gepraat over medicinale marihuana en de consultatiebureaus die hiermee werken worden vaak 'compassie-clubs' genoemd. Ik heb begrepen dat slechts een klein percentage van de 'compassie-clubleden' een medisch probleem heeft. De grote meerderheid lijdt alleen aan de aandoening van hunkeren naar een goede high en van afkeer voor de werkelijkheid. High worden is geen daad van mededogen; het is een tijdelijk-vermijden-techniek. Voor diegenen die weed gebruiken als medicijn en die ondervinden dat het helpt om een deel van de pijn van hun ziekte te verlichten, is *dat* een vorm van genade, een daad van mededogen waar ik volledig achter sta. Ik wil maar zeggen: de realiteit ontvluchten is geen uiting van werkelijk mededogen; echt mededogen betekent dat we de werkelijkheid onder ogen zien en onze relatie met die realiteit transformeren. De noodzaak om de realiteit onder ogen te zien is misschien de reden waarom de Boeddha zijn leerlingen aanmoedigde om een drugs- en alcoholvrije levensstijl aan te nemen. Drinken en drugs zijn niets meer dan weer andere vormen van – en middelen voor – afkeer en hunkering. De Boeddha vraagt ons te overwegen om vals genot, zoals drinken en high worden, uit mededogen voor onszelf op te geven. Hij heeft het hier over genot dat geen enkel positief doel dient en dat onze reis naar een bevrijd hart alleen maar vertraagt.

Ik geloof werkelijk dat mededogen een deel van ons wordt wanneer we tijd en gerichte moeite stoppen in zorgzaamheid voor onze pijn. Ons hart moet echter in die richting geloodst worden. Eén van de beste manieren om onze hart/geest te trainen is door de methode van mediteren. Hieronder geef ik aanwijzingen hoe je kunt mediteren op mededogen.

INSTRUCTIES VOOR MEDITATIE OP MEDEDOGEN

Ga op een comfortabel plekje zitten en laat je aandacht tot rust komen in het lichamelijke 'gewaarzijn in het nu'. Laat elke spanning in je lichaam los door je buik zachter te maken; ontspan je ogen en je kin en laat je schouders natuurlijk – van je hoofd weg – naar beneden vallen.

Nadat je een tijdje tot rust gekomen bent in het 'gewaarzijn in het nu', kun je beginnen met reflecteren over jouw diepste verlangen naar geluk en vrijheid van lijden. Laat het meest oprechte verlangen van je hart naar waarheid en welzijn in je bewustzijn opkomen.

Adem nu – met elke ademhaling – recht in het centrum van je hart, de erkenning van je wens om vrij te zijn van kwaad, om veilig en beschermd te zijn en om mededogen te ervaren.

Bied jezelf *mededogende zinnen* aan, langzamerhand, met de intentie om de – soms verborgen – zorgzame en vriendelijke respons van je hart bloot te leggen. Je zinnen kunnen net zo eenvoudig zijn als:

'Moge ik leren om zorgzaam te zijn voor lijden en verwarring.'

'Moge ik pijn beantwoorden met genade en empathie.'

'Moge ik vervuld zijn van mededogen.'

Wanneer deze zinnen jou niets zeggen, verzin dan je eigen woorden om op te mediteren. Vorm een paar eenvoudige zinnen met mededogende en genadevolle intentie, en richt deze goede wensen rustig tot jezelf.

Net als bij mindfulness-meditatie zal je aandacht tijdens het mediteren zich terugtrekken en denken aan andere dingen, weerstand bieden aan je aanleg voor mededogen of er oordelen over hebben. Elke keer wanneer de geest afdwaalt, heb je zachte en volhardende inspanning nodig om terug te keren naar de volgende zin:

'Moge ik leren om zorgzaam te zijn voor lijden en verwarring.'

Voel de ademhaling en de respons van het lichaam op elke zin.

'Moge ik pijn beantwoorden met genade en empathie.'

Merk op waar de geest bij elke frase naartoe gaat.

'Moge ik vervuld zijn van mededogen.'

Laat je geest en lichaam zich ontspannen in de weerklank van elke zin.

Herhaal deze zinnen heel simpel steeds maar voor jezelf, als een soort mantra of als verwoording van een positieve intentie. Maar verwacht niet dat je je door deze beoefening onmiddellijk mededogend zult voelen. Soms is het enige dat we zien juist ons gebrek aan mededogen en de weerstand van onze oordelende geest. Aanvaard eenvoudig wat er gebeurt en blijf de zinnen herhalen. En terwijl je dit doet, wees dan zo vriendelijk en genadevol voor jezelf als je maar kunt.

Nadat je deze mededogende zinnen gedurende een paar minuten in je eigen richting hebt gestuurd, breng je je aandacht terug naar je ademhaling en je lichaam. Kom weer tot rust in je zithouding. Haal vervolgens *iemand* voor je geest van wie je weet dat het *goed voor je is dat je hem/haar kent* of dat je van zijn/haar bestaan afweet. Iemand die jou heeft geïnspireerd of die jou groot mededogen heeft getoond. Erken dat deze begunstiger, net als jij, ook verlangt naar zorgzaamheid en begrip. Erken dat hij/zij met jou het universele verlangen deelt om met mededogen behandeld te worden. Start met hem/haar de zorgzame zinnen aan te bieden. Herhaal elke zin langzaam, met deze persoon in gedachten, als doel van jouw goede wensen:

> 'Net zoals ik wil dat ik leer om zorgzaam te zijn voor lijden en verwarring, dat ik pijn met genade en empathie beantwoord, dat ik vervuld word van mededogen, moge jij leren zorgzaam te zijn voor lijden en verwarring.'

> 'Moge jij pijn beantwoorden met genade en empathie.'

> 'Moge jij vervuld zijn van mededogen.'

Blijf deze zinnen vanuit je hart zenden naar het hart van jouw begunstiger; ontwikkel hierbij het gevoel van mededogen in relatie tot de pijn van anderen.

Wanneer de geest zich weer verliest in een verhaal, een herinnering of een fantasie, keer dan gewoon weer terug naar de beoefening. Begin opnieuw met het offeren van genade en zorgzaamheid aan de begunstiger.

Nadat je gedurende een paar minuten mededogen naar jouw begunstiger hebt gezonden, laat je hem of haar los en keer je terug naar de directe ervaring van lichaam en geest. Besteed extra aandacht aan je hart of aan je emotionele ervaring. Haal je dan iemand anders voor de geest, iemand die je niet goed kent, een *neutraal iemand* (een persoon die je niet liefhebt noch haat, iemand die je in de loop van de dag tegenkwam, op straat of in de rij in de supermarkt). Begin met ook deze persoon de mededogende zinnen aan te bieden, in het volle begrip dat het verlangen voor vrijheid van lijden universeel is:

'Moge je leren om zorgzaam te zijn voor lijden en verwarring.'

'Moge je pijn beantwoorden met genade en empathie.'

'Moge je vervuld worden van mededogen.'

Nadat je zo een paar minuten lang mededogen naar de neutrale persoon hebt gezonden, breng je je aandacht terug naar je ademhaling en je lichaam. Breid vervolgens de beoefening uit en betrek nu familieleden en vrienden waar je mogelijk gemengde gevoelens over hebt (zowel liefde als oordelen):

'Mogen jullie allemaal leren om zorgzaam te zijn voor lijden en verwarring.'

'Mogen jullie allemaal pijn beantwoorden met genade en empathie.'

'Mogen jullie allemaal vervuld worden van mededogen.'

Nadat je gedurende een paar minuten mededogen naar deze 'gemengde groep' hebt gezonden, kun je je aandacht weer terugbrengen naar je ademhaling en lichaam.

Breid dan de beoefening weer uit en betrek nu de moeilijke mensen in je leven en in de wereld (met moeilijk bedoel ik de mensen die je uit je hart hebt moeten bannen, mensen voor wie je wrok voelt). Zelfs al heb je het eenvoudigste begrip van de menselijke natuur, dan nóg is het duidelijk dat alle wezens met mededogen behandeld willen worden; alle wezens – zelfs de vervelende, ruwe, gewelddadige, verwarde en onvriendelijke – willen vrij zijn van lijden. Met dit voor ogen en met de intentie om jezelf te bevrijden van haat, angst en wrok, richt je jouw meditatie nu op iemand die de bron is van moeilijkheden in je geest of in je hart. Offer deze persoon dezelfde zinnen en kijk goed naar de respons van jouw hart/geest:

> 'Moge je leren om zorgzaam te zijn voor lijden en verwarring.'

> 'Moge je pijn beantwoorden met genade en empathie.'

> 'Moge je vervuld worden van mededogen.'

Na een paar minuten beoefening in de richting van moeilijke mensen, kun je het veld van mededogen uitbreiden naar iedereen in jouw nabije omgeving. Begin met het zenden van mededogende zinnen naar iedereen die bij jou in huis is op het moment van beoefenen. Breid daarna geleidelijk uit naar iedereen in je dorp of stad. Laat jouw positieve intentie om iedereen met mededogen te benaderen zich in alle richtingen uitspreiden. Stel je voor dat je de hele wereld omspant met deze positieve gedachten. Zend mededogen naar noord en zuid, naar oost en west. Straal een open hart uit, en een onverschrokken geest naar alle levende wezens: de wezens boven je en onder je, de zichtbare en onzichtbare, zij die geboren worden en zij die stervende zijn. Herhaal de zinnen, met een grenzeloze en vriendelijke intentie:

> 'Mogen alle wezens leren om zorgzaam te zijn voor lijden en verwarring.'

'Mogen alle wezens pijn beantwoorden met genade en empathie.'

'Mogen alle wezens vervuld worden van mededogen.'

Nadat je gedurende een paar minuten mededogen naar alle wezens hebt gezonden, laat je de zinnen eenvoudigweg los en breng je je aandacht weer naar je ademhaling en lichaam. Bestudeer de sensaties en emoties die nu aanwezig zijn. Wanneer je er klaar voor bent, open je je ogen en keer je met je aandacht weer terug naar je omgeving.

6

GEKWETSTE MENSEN KWETSEN MENSEN

*vergiffenis: nooit meer vergif innemen en
verwachten dat je vijanden zullen sterven*

Ik herinner me de dag waarop ik me realiseerde dat ik iedereen voor álles vergeven had. Op dat moment beoefende ik al meer dan tien jaar de praktijk van vergeving: het herhalen van zinnen van vergiffenis voor mezelf, voor wie mij schade had berokkend en voor hen die ik gekwetst had. Een lang en vaak pijnlijk proces van loslaten.

Gedurende het grootste gedeelte van mijn leven was mijn hart zwaar ommuurd. Mijn leven was tijdens mijn kindertijd zo pijnlijk geworden en zo verwarrend dat ik zelfmoord wilde plegen. Mijn ouders scheidden toen ik twee jaar was en mijn zus vier. Mijn moeder, die na de scheiding de voogdij toegewezen kreeg, kampte met verslaving. En mijn vader, nog steeds wel in beeld, was vaak onbereikbaar omdat hij het te druk had met mediteren en lesgeven. Mijn moeder hertrouwde en kreeg een tweeling toen ik vijf was. Mijn stiefvader mishandelde mijn moeder, mijn zuster, mij en uiteindelijk ook zijn eigen kinderen. Dit was de periode waarin ik aan zelfmoord begon te denken.

Met de geboorte van mijn jongere broer en zus – de tweeling – werd het mij duidelijk dat niet iedereen genoeg aandacht en liefde toebedeeld kreeg. Ik voelde me buitengesloten, verlaten en helemaal alleen. Zelfmoord was mijn 'knuffeldoekje', mijn 'verlaat-de-gevangenis-zonder-te-betalen-kaart'. Ik hield die kaart op zak tot ik die nodig zou hebben en ondertussen ontwikkelde ik overlevingstechnieken voor alledag: ik leerde mijn hart op slot te draaien. Ik leerde mijn emotionele behoeften uit te schakelen, gevoelens van kwetsbaarheid aan de kant te zetten. Die behoefte aan emotionele afstand was er de oorzaak van dat ik binnen een paar jaar begon met roken, drinken en high worden. Al heel snel ontdekte ik dat drugs de scherpe kanten van mijn wanhopige en eenzame gevoelens weghaalden. Ik kende maar een paar manieren om mijn pijn te onderdrukken: ik begon me te misdragen – brandstichten, stelen, liegen en ik werd zelfs gewelddadig.

Ik begon te haten. Ik haatte volwassenen. Ik haatte leraren. Ik haatte de politie. Ik haatte hippies. Ik haatte mijn broer en zussen. Ik haatte Carter. Ik haatte Reagan. Ik haatte Bush – vader én zoon. Ik haatte mensen met geld. Ik haatte gelukkige mensen. Ik haatte depressieve mensen. Ik haatte de wereld. Uiteindelijk vond ik in de punkscene een uitlaatklep voor mijn haat. Zwelgend in al die haat misdroeg ik me nog meer: ik vocht. Ik stal. Ik loog. Ik werd high. Ik werd dronken. Ik kwam voortdurend in de problemen. Ik rookte PCP. Ik slikte veel acid. Ik raakte verslaafd aan crack. Ik spoot heroïne. Door dit alles haatte ik mezelf, haatte ik wie ik was geworden. Ik was zeventien.

Terwijl ik na mijn derde arrestatie, op die jonge leeftijd in de gevangenis belandde, begon ik op aanraden van mijn vader met mediteren. Die praktijk gaf me de vastberadenheid en de kracht om te stoppen met drugs en alcohol. Ik keerde mijn aandacht naar binnen en begon aan een proces van helen, een proces dat tot op de dag van vandaag doorgaat.

Na tien jaar mediteren kwam er een moment waarop ik vrij was van elk bewust gevoel van haat en wrok voor wie dan ook, dood of levend; dat was de eerste keer dat ik de lessen van de Boeddha over liefdevolle vriendelijkheid echt begreep. Maar samen met dat inzicht in het potentieel voor een onvoorwaardelijk liefhebbend hart, kwam ook een waanidee: ik dacht dat ik mij voor altijd zo zou voelen. Ondanks mijn studie van de Boeddha's dharma hield ik me nog steeds vast aan het verkeerde beeld van 'blijvendheid'. Ik had heel hard gewerkt voor vrijheid; toen ik daar eenmaal één moment van mocht proeven, verwachtte ik dat ze zou blijven duren. Maar zoals alles in deze hart/geest en in de wereld, was ook deze flits van vergeving vergankelijk.

Vergiffenis ervaren is een vluchtige bevrijding. In werkelijkheid vergeven we niet voor altijd (dat kan ook niet), maar alleen voor dit ene moment in het nu. Dit is zowel goed als slecht nieuws. Het goede deel is dat we kunnen stoppen met onszelf te veroordelen voor ons onvermogen om wrok voor eens en voor altijd, volledig en absoluut los te laten. Het ene moment vergeven we, het volgende worden we weer rancuneus. Dit is geen onvermogen tot vergeving; het is slechts het niet begrijpen van de verankelijkheid. Het slechte nieuws is dat we nooit klaar zullen zijn met vergiffenis; het is een blijvend onderdeel van ons leven en het vereist dus een waakzame beoefening van loslaten van moment tot moment.

Dat eerste moment van vrijheid van pijn- en haatgevoelens uit mijn verleden is dan wel meer dan tien jaar geleden, toch beoefen ik dagelijks nog steeds vergiffenis. Maar nu is het niet langer een klus: het is verworden tot een eenvoudige en natuurlijke respons op mijn hart/geest wanneer gevoelens van gekwetstheid, angst, onrecht of verraad naar boven komen. Nu begrijp ik dat 'vrij zijn van die negatieve gevoelens' geen ver verwijderd doel is, maar dat die vrijheid bereikbaar is, hier en nu. Wanneer ik loslaat en reageer met mededogen en vergeving, dan zal ik vrij zijn. Als ik blijf vastklampen en me blijf wentelen in mijn pijnlijke eigen gelijk, dan zal ik blijven lijden. En natuurlijk zijn er nog steeds momenten waarop ik *toch* kies voor het pad van lijden – maar steeds minder vaak. De wetenschap dat vrijheid direct bereikbaar is, heeft mijn leven drastisch veranderd. Onnodig leed hoef ik niet langer te tolereren.

Ik deel dit allemaal met jou om je duidelijk te maken dat, als ik tot deze praktijk in staat ben, jij dat ook bent. Maar voordat ik nu weer te ver doordraaf, laat ik eerst wat gas terugnemen en de basisbegrippen van de vergiffenispraktijk analyseren.

Vergeving – de reis en praktijk waarbij we weloverwogen alle dingen uit het verleden loslaten die ons emotioneel lijden en gevoelens van woede en wrok hebben bezorgd – begint bij het idee dat kwaad voortkomt uit lijden en onwetendheid. Er bestaat niets zoiets als 'wijze mishandeling' of 'verlicht verraad'. Dat is de kernwaarheid van 'kwaad': het ontstaat altijd uit verwarring en lijden. Woede, geweld en alle vormen van mishandeling en verraad worden aangestuurd vanuit een onwetende of verwarde intentie. De geest die *niet* verward is, de verlichte geest, is niet in staat opzettelijk schade te berokkenen. De verlichte hart/geest handelt alleen met wijsheid en mededogen. Dit besef is essentieel wanneer we vergeving beoefenen omdat het ons dwingt om onderscheid te maken tussen de verwarde, lijdende dader en de daden zelf.

De scheiding tussen dader en daad is misschien wel het belangrijkste uitgangspunt bij vergiffenis. Dat wat vergeving vereist kan een foutieve handeling zijn waarbij wij iemand pijn hebben gedaan óf een foutieve handeling van een ander waarvan wij ons het slachtoffer voelen; in beide gevallen moeten we inzien dat daad en dader niet hetzelfde zijn. Meestal zijn de woede en wrok die we voelen gericht tegen de dader; in onze geest scheiden we dader en daad niet zomaar instinctief. Maar dit is precies wat we wel *moeten* doen. We moeten begrijpen dat verwarring komt en gaat. Een handeling van een verward en lijdend wezen uit het verleden geeft niet weer wie dat wezen voor altijd is; ze is alleen een uiting van het lijden van dat wezen. Wanneer we bovendien blijven hangen in wrok tegen eerdere pijn, dan vergroten we simpelweg ons eigen lijden. We maken ons eigen leven moeilijker dan nodig door ons vast te klampen aan onze woede en onze haatgevoelens.

Dit betekent helemaal niet dat we onszelf of anderen moeten onderwerpen aan terugkerend of aan meer geweld. Een onderdeel van vergeven en helen is het stellen van gezonde grenzen. Bijvoorbeeld, we kunnen iemand vergeven en er tegelijkertijd voor kiezen om nooit meer met die persoon om te gaan. We moeten het loslaten van wonden uit het verleden niet verwarren met het voelen van de verplichting om de daders weer in ons leven toe te laten. De vrijheid door vergeving behelst vaak ook het stellen van een duidelijke grens en het bewaren van liefdevolle afstand tot diegenen die ons gekwetst hebben. Mogelijk moeten wij ons ook op liefdevolle afstand houden van hen die wij gekwetst hebben, zodat hun niet nog meer kwaad overkomt. Zo bekeken is de praktijk van loslaten van het verleden en goedmaken van ons eerdere gedrag meer innerlijk dan relationeel werk. Zoals mijn vader het zo graag zegt: 'We kunnen ze weer in ons hart binnenlaten zonder ze weer in huis te nemen.'

Vergiffenis is niet zomaar het egoïstisch najagen van persoonlijke voldoening of rechtvaardiging. Het vermindert feitelijk de hoeveelheid lijden in de wereld. Wanneer ieder van ons zich bevrijdt van het vastklampen aan wrok dat lijden veroorzaakt, bevrijden we tegelijkertijd onze familie, vrienden en onze gemeenschap van de last van onze onvrede. Dit is geen filosofisch idee; het is een controleerbare en praktische waarheid. Door ons lijden en door ons gebrek aan vergeving hebben we de neiging om allerlei niet-vaardige dingen te doen waardoor anderen geschaad worden. We sluiten ons bijvoorbeeld af voor liefde, uit angst voor nog meer pijn of verraad. Dit alleen al – het gebrek aan openheid voor de liefde die ons wordt geboden – is een manier waarop we pijn veroorzaken bij de mensen die van ons houden. Een gesloten hart laat niemand in of uit.

Al in het begin van mijn meditatiepraktijk zag ik duidelijk dat ik lange tijd heel veel pijn had geleden en dat mijn pijn anderen op ongelooflijk niet-vaardige manieren had getroffen. Vervolgens kreeg ik het inzicht dat de mensen tegen wie ik wrok koesterde ook pijn hadden gevoeld en dat zij hun pijn over mij hadden uitgestort.

Hierdoor was ik in staat een begin te maken met het scheiden van persoon en handeling, en zo de verwarde mens achter de pijn te zien. Dat was het moeilijkste deel: personen niet associëren met hun handelingen maar hen zien als verwarde mensen die hun best proberen te doen en die daarin compleet falen, net als ik. Het was een ongelooflijke uitdaging om te proberen deze houding tegen-over iedereen in mijn leven aan te nemen. Het kostte me jaren van vallen en opstaan om een werkelijk gevoel bij dit idee te kweken.

Dit soort jarenlange inspanning is normaal, want vergeving kan niet worden afgedwongen. Door lang, soms zelfs tientallen jaren lang, vast te klampen aan woede en wrok, laten we deze reactie tot een gewoonte verworden. En om gewoonten te doorbreken heb je tijd nodig en gerichte handelingen. Bij vergeving trainen we feitelijk onze hart/geest om op een nieuwe en positieve wijze te reageren. Door de dader van de daad te scheiden pakken we het lijden – zowel door ons veroorzaakt als ondergaan – bij de wortel. Jammer genoeg is vergeving een proces dat tegen elke intuïtie indruist. Het is ons biologisch instinct om elke vorm van pijn te beantwoorden met afkeer, woede, haat en wrok. Zoals ik al eerder heb opgemerkt, is dit het fundamentele overlevingsinstinct van het menselijke dier. Het werkt heel goed als bescherming tegen *extern* kwaad en toch lijkt het *innerlijk* schade te veroorzaken. Vergeving is het welbewuste proces waarbij we onszelf bevrijden van innerlijk lijden en helpen om anderen van hun innerlijk lijden te bevrijden.

Velen van ons die zich gekwetst voelen door anderen hebben vaak het gevoel dat vergiffenis een geschenk is dat de boosdoener niet heeft verdiend. En toch, wordt hij nu werkelijk gestraft door ons gebrek aan vergeving? Of maakt dat gebrek aan vergiffenis juist onze harten hard en onze levens onprettig? Is vergeving een geschenk voor anderen of voor onszelf? Misschien voor beiden. Laten we vergiffenis wat nader bekijken, gaande van vergeving voor onszelf tot vergeving voor anderen.

VERGIFFENIS VRAGEN AAN ONSZELF EN ANDEREN

Je zou het misschien niet verwachten, maar het vergeven van onszelf is de moeilijkste vorm van vergiffenis. We zitten opgescheept met een geest die heel snel oordeelt en die neigt naar vergelijking, jaloezie en angst. Om onszelf te vergeven moeten we onze relatie met de geest veranderen – een radicaal concept. We kunnen de oordelende geest niet *stopzetten*. Onze grootste kans ligt dus in het veranderen van onze relatie met die geest. Mindfulness toont ons dat het meeste dat in onze geest gebeurt onvrijwillig is, onopzettelijk. Het gebeurt allemaal vanzelf. Dat is een ongelooflijk belangrijk punt. Inderdaad, de eerste stap in de richting van vergiffenis is het idee dat wij onze geest niet helemaal onder controle hebben. Wanneer we dat begrijpen, dan kunnen we beginnen met het beïnvloeden van onze verhouding tot de geest. Deze geleidelijke verandering in onze omgang met de denkende geest leidt tot een verandering in onze omgang met het verleden, met de relatie tot de woede waar we ons aan hebben vastgeklampt en met onszelf.

We zitten een leven lang aan onszelf vast. We kunnen dus maar beter de beste manier vinden om onze pijn uit het verleden te begrijpen en te aanvaarden. Het is in ons eigen belang dat we een manier vinden om onszelf eerder met mededogen te behandelen dan met wrok. Het is ook het beste dat we voor anderen kunnen doen. Hoewel dat eenvoudig en helder klinkt, is jezelf vergeven vaak de moeilijkste levenstaak. Het is daarbij ook de allerbelangrijkste.

Het helpt wanneer we onderzoek doen naar de neiging van onze geest om onszelf te beoordelen en onszelf te bekritiseren. Hierbij moeten we speciale aandacht hebben voor elk gevoel van onwaardigheid of zelfhaat. Als we in staat zijn om milde aandacht te richten op de angsten en haatgevoelens van onze geest, dan kunnen we misschien ontdekken dat onze geest juist probeert ons voor verder leed te beschermen. Het spervuur van angsten en onzekerheden zou wel eens een psychologisch verdedigings-mechanisme kunnen zijn, een poging om verder leed af te weren. Natuurlijk is dat een verwarde poging, want wrok en woede voor jezelf leiden nooit tot geluk. Maar als we in staat zijn om te be-grijpen en te aanvaarden dat we altijd al verward waren, dan is het misschien wel makkelijker om met genade en vergeving naar onszelf te kijken. En zo reageren we op onze oordelende geest mogelijk met hetzelfde milde geduld en begrip dat we voor een zieke en verwarde vriend zouden opbrengen.

Aan het begin van het lange vergevingsproces merkte ik dat het makkelijker was om mezelf als verward kind te vergeven dan om me te richten op mijn pijn als volwassene. Met dat inzicht plaatste ik een kinderfoto van mezelf op het altaar waar ik bij mediteerde. Tijdens mijn dagelijkse meditatiepraktijk zond ik vergiffenis naar het kind dat uiteindelijk de man werd die zoveel pijn had doorstaan en veroorzaakt. Geleidelijk aan werd het kind op de foto mijn vriend. Ik begon om hem te geven en ik trok mij al de verwarring aan die hij doormaakte. Uiteindelijk was ik in staat om hem – die jongere versie van mij – te vergeven voor het feit dat hij zijn verwarring toeliet om mij en zoveel anderen pijn te doen. Vanaf die innerlijke plek vol begrip en genade was ik vervolgens in staat om dezelfde vergiffenis aan mijn volwassen zelf te schenken.

Het vergeven van onszelf is echter niet het einde van het proces. Het is nog maar het begin; of, wat waarschijnlijker is, slechts een stukje van de puzzel. Het loslaten van onze schaamte vanwege het kwetsen van anderen is net zo belangrijk. Als we ons leven overzien en we denken terug aan iedereen die we hebben gekwetst, terwijl we hiervoor de volle verantwoordelijkheid nemen en om vergeving vragen, dan zal dit proces van vergiffenis ons in staat stellen om het schuldgevoel en de schaamte los te laten; en dat helpt ons dan weer om anderen vergiffenis te schenken. Wanneer we in alle nederigheid aanvaarden dat wij zelf op bepaalde momenten in ons leven agressief gereageerd hebben, anderen in de steek hebben gelaten, wreed zijn geweest, en dat dit telkens voortkwam uit ons eigen lijden en onze eigen verwarring, dan beginnen we in te zien dat zij die óns kwetsten net zo verward waren. Zelfinzicht maakt het wat makkelijker om mededogen voor onze vijanden toe te laten.

Je zou je kunnen afvragen: 'Waarom moeten we ons bevrijden van schuld en schaamte terwijl we donders goed weten dat we iemand tekortgedaan hebben? *Moeten* we niet juist hierover schuld en schaamte voelen?' Nou nee. Schuld en schaamte zijn immers oordelen vol negatieve gevoelens en veroordeling. Spijt, aan de andere kant, is een inzicht: geen negatief oordeel, alleen een heldere en eerlijke inschatting van het verleden. Wanneer we iemand uit lompheid hebben gekwetst, dan is spijt een gezonde en wenselijke respons. We *behoren* spijt te hebben wanneer we pijn hebben veroorzaakt. Maar *schaamte* voelen over het verleden gaat een stap te ver; daarmee beoordelen we onszelf als een slecht mens. We zijn *niet* slecht. We handelden alleen maar onverstandig in relatie tot onze pijnen, hunkeringen en verwarring. We hadden pijn en we lieten toe dat onze pijn anderen pijn deed. Een zin uit een film die ik onlangs zag is me bijgebleven: 'Gekwetste mensen kwetsen mensen (*Hurt people hurt people*).' Naarmate we onze beoefening van vergiffenis verdiepen, wordt dat steeds duidelijker.

Vergiffenis vragen is een daad van nederigheid, vrijgevigheid en herstel. Er blijft altijd een bepaalde mate van spijt over. Dat hoort ook zo. Maar schaamte en schuld zullen uiteindelijk uitsterven. Door gestructureerde meditatie kunnen we de hart/geest trainen om los te laten en om leed uit het verleden met begrip en aanvaarding te bekijken.

De meesten onder ons moeten nog een stapje verder gaan dan alleen zelfvergeving. Na het innerlijke werken aan loslaten moeten we ook directe, relationele actie ondernemen. Het proces waardoor we de greep van onze hart/geest op ons leed en verraad uit het verleden loslaten moet niet alleen maar gaan over het vergeven van onszelf. Ook communiceren met diegenen die we hebben gekwetst maakt daar onderdeel van uit. Daarbij moeten we ook proberen de dingen weer goed te maken (door het eenvoudig aanbieden van een verontschuldiging of door aanvullende actie). Daar is veel moed voor nodig en ook de bereidheid om de volledige verantwoordelijkheid voor onze eerdere daden nederig te aanvaarden. Ik weet uit ervaring dat die moed wel ontstaat als we maar ontevreden genoeg zijn geworden met een leven dat beheerst wordt door wrok en/of schaamte. Hoe meer we mediteren, des te gevoeliger worden we voor de onrust die voortkomt uit wrok en schuld. Het wijze verlangen naar geluk en vrijheid geeft ons de energie om nederig te worden, vergiffenis te vragen en dingen weer recht te zetten.

Ik kan het niet vaak genoeg zeggen: vergeving is een proces dat ons hele leven doorgaat. We kunnen niet zomaar de zinnetjes zeggen of een paar keer de meditatie doen en klaar is Kees. We kunnen niet ineens beslissen om te vergeven en dan, als door een wonder, alle pijnen en haatgevoelens uit het verleden loslaten. Ik ben hier nu al meer dan twintig jaar mee bezig en ik ben nog verre van klaar. In de beginjaren waren het allemaal de grote kanonnen: mensen van wie ik had gestolen, die ik had gekwetst en verraden, vooral mijn ouders en mijn broer en zussen. Ik had bijna een dagtaak aan het vragen van vergiffenis voor alle manieren waarop ik hen had gekwetst. In veel van die gesprekken zijn er diepe wonden geheeld. Toen ik het bijvoorbeeld probeerde goed te maken met mijn vader, vroeg ook hij vergiffenis aan mij. Hij gaf toe dat hij er niet altijd voor mij was geweest op de manier die ik nodig had. Toen ik het probeerde goed te maken met mijn stiefmoeder was ik ook in staat om haar te zeggen hoeveel ik van haar hou. Ook kon ik haar duidelijk maken dat ik goed voelde hoe haar liefdevolle aanwezigheid in mijn leven mij had behoed voor een vroege dood. Ik had alle moed nodig om aan te bellen bij huizen waar ik had ingebroken en om af te stappen op mensen met wie ik had gevochten. Het was moed die opwelde uit mijn zoektocht naar vrijheid. Bijna alle momenten van rechtstreeks goedmaken hadden een helend effect; ze bevrijdden me van het verleden. Ze bleken ook helend te zijn voor de mensen met wie ik het weer goedmaakte. Mensen waren blij om te horen dat het niet hun schuld was; dat het vaak op veel vlakken niet eens zo persoonlijk was geweest. Sommige mensen die ik heb gekwetst stonden niet open voor mijn pogingen om dingen recht te zetten. Ze wilden me niet spreken of wanneer ze wel een gesprek met me aangingen, waren ze nog steeds zo gekwetst door wat ik had gedaan dat ze simpelweg zeiden dat ik kon oprotten. Wanneer dat gebeurde deed dat pijn, maar ik begreep het en ik beschouwde dat antwoord als karma voor mijn daden. Ik sloeg dan niet terug of drong niet verder aan. Immers, voor mij was de tijd gekomen om in mezelf los te laten en om door te gaan met mijn innerlijke werk van vergeving schenken aan mezelf en aan anderen.

Zelfs nu nog moet ik soms dingen goedmaken omdat ik mezelf nog steeds betrap op handelen uit angst, woede of trots, waardoor ik leed veroorzaak. In dat geval probeer ik zo snel mogelijk om vergeving te vragen. Neem nu het volgende voorbeeld. Onlangs leidde ik een meditatieretraite, samen met een lerares die er heel andere opvattingen op na houdt dan ik. Tijdens die retraite kregen we onenigheid over wat 'echte dharma' is en wat niet. Ik hield vast aan mijn eigen ideeën en opvattingen en werd kritisch en onvriendelijk tegen haar. Er bestaat een verstandige manier om het met elkaar oneens te zijn, maar dat was niet de manier waarop ik toen met de situatie omging. Ik was erg veroordelend en soms ronduit gemeen; ik pakte het totaal verkeerd aan maar vergoelijkte mijn niet-vaardige gedrag als overtuigd zijn van mijn eigen gelijk. Toen het duidelijk werd dat ik hierdoor leed veroorzaakte, werd ik wakker. Ik hield op met kibbelen en veroordelen en maakte het goed. Nog steeds dacht ik dat ik gelijk had en zij ongelijk, maar dat deed er niet meer toe. Ik zag in dat ik dom gehandeld had en vroeg vergiffenis voor de wijze waarop ik haar had behandeld.

Terwijl ik haar vroeg om mijn domme gedrag te vergeven, vergaf ik haar voor – zoals ik het zag – het vastklampen aan waan-ideeën. Soms is het net zo eenvoudig als het spreekwoord: 'Wil je gelijk hebben of gelukkig zijn?' Ook al wil ik het liefst beide, toch denk ik dat we hierin, net als de Boeddha, een evenwicht kunnen vinden. In de oudste opgetekende lessen van de Boeddha wordt vaak beschreven hoe hij in conflict komt met mensen die zijn lessen ter discussie stellen. Hij weet dan ondubbelzinnig duidelijk te maken dat sommige vragenstellers waanideeën hebben, maar hij doet dit nooit op een gemene of kwaadaardige manier. Hij hoeft later nooit terug te gaan om het goed te maken. Dat is mijn doel bij dit alles: ik wil een zuiver en ethisch leven leiden en ik wil op een eerlijke, maar ook vriendelijke manier praten; en als ik daarin faal zoals laatst in die retraite, dan wil ik zo snel mogelijk om vergeving vragen en het weer goedmaken.

ANDEREN VERGEVEN

Het vergeven van mensen tegen wie we wrok koesteren is de laatste stap in het proces. Hopelijk hebben we inmiddels wat inzicht gekregen in de redenen waarom we mensen kwetsen. Onze vijanden zijn geen boosaardige of slechte mensen; ze zijn slechts verward en lijden pijn. Als ze niet zo in de war waren, hadden ze waarschijnlijk nooit die domme dingen gedaan waar wij zo boos over zijn. We moeten onze vergeving dus toespitsen op mededogen voor het lijden aan hebzucht, haat en waan, de bronnen van het leed. En juist dit maakt het zo belangrijk om de dader of daders – de persoon of misschien de groep personen of zelfs een instituut waar we wrok tegen voelen – te scheiden van de daad. Als we goed kijken en we gebruiken onze geest een beetje creatief, dan is het meestal niet moeilijk om te zien dat de daders, toen zij dát deden wat ons kwetste, leden aan een vorm van hebzucht, haat of waan. We kunnen dit idee bevestigen door ons eigen leven onder de loep te nemen: kijken naar al die keren dat we iemand kwetsten doordat we gewoon geen idee hadden hoe we met de pijn of verwarring in ons leven moesten omgaan, of in onze handelingen door hebzucht of haat werden gedreven. Of misschien waren we wel zo diep 'ingeslapen' dat we aan waanbeelden leden. In dit licht wordt het makkelijker om onze vijanden niet als slecht of kwaad te beschouwen maar als lijdende en verwarde wezens. Hierdoor kunnen we makkelijker mededogen opbrengen voor het lijden dat hen tot hun daden aanzette. Met andere woorden: we kunnen de daders vergeven.

Sommige daden zijn misschien niet te vergeven, maar *alle daders zijn dat wél*. Er is altijd een mogelijkheid om voor elke dader – de persoon die zijn eigen lijden over ons heeft uitgestort – mededogen te voelen. Er is altijd dat vermogen tot genade voor de lijdende en verwarde persoon die anderen kwetst.

Sommige haatgevoelens lijken voor altijd te verdwijnen wanneer we een moment van vergiffenis ervaren. Andere steken telkens weer de kop op. We mogen echter niet vergeten dat we in het heden leven. Dit is heel belangrijk. Wanneer we in dit moment nog vasthouden aan oude wonden en gevoelens van verraad, dan is in *dit moment* vergiffenis nodig. Met elke tijdelijke ervaring van vergeving worden steeds diepere lagen van pijn blootgelegd. Wanneer dat gebeurt, dan hebben we de middelen om steeds maar weer te vergeven.

Nu ik hier zo zit, na meer dan twintig jaar mediteren, kan ik werkelijk zeggen dat ik vaak vrij ben van wrok en haat. Vaak ben ik in staat om te leven vanuit mededogen, genade en vergiffenis. Ik ben verre van perfect en ook niet verlicht, maar toch kan ik je verzekeren dat het de moeite waard is om het pad van vergeving in te slaan. Vanuit mijn persoonlijke ervaring nodig ik je uit om mee te gaan op deze reis, om deel uit te maken van de 1%-ers van het hart.

INSTRUCTIES VOOR MEDITATIE OP VERGEVING

Voor deze formele beoefening van vergeving kan het helpen om een altaar te maken. Het hoeft geen echt bouwwerkje te zijn: een hoekje van de kamer kan bijvoorbeeld al genoeg zijn. Het kan ook een klein tafeltje zijn met daarop foto's of voorwerpen die je herinneren aan je intentie om te vergeven.

Kies een goed plekje om te zitten, tegenover het altaar (als je er een hebt opgericht). Ga rustig zitten. Kom tot rust in je zithouding door welbewust alle spanning los te laten die nog vastzit in je gezicht, nek, schouders, borst of in je buik. Breng je aandacht naar het nu, en richt je op elke in- en uitademing.

Laat, nu je – zittend met het gewaarzijn van de ademhaling – tot rust bent gekomen in de ervaring in het nu, je ademhaling op en neer gaan vanuit het centrum van je hart. Stel je voor dat je rechtstreeks vanuit je hart ademhaalt.

Voel wat er in je hart/geest aanwezig is. Richt je intentie op het loslaten van het verleden door het loslaten van wrok. Zeg het woord *vergiffenis* in je hoofd en merk op hoe de overweging om los te laten aanvoelt.

Wanneer je er klaar voor bent, denk dan aan de *manieren waarop je anderen hebt gekwetst*, verraden of verlaten. Betrek hierbij zowel de opzettelijke als de onopzettelijke daden waarmee je leed hebt veroorzaakt. Erken en voel de woede, de pijn, de angst of de verwarring die jou tot je daden hebben aangezet.

Begin met het vragen van vergiffenis aan diegenen die je hebt gekwetst:

'Ik vraag om jouw vergiffenis.'

'Vergeef me alsjeblieft voor het leed dat ik je heb aangedaan.'

'Ik begrijp nu dat ik niet vaardig was en dat mijn daden jou hebben gekwetst. En ik vraag je om vergeving.'

Pauzeer tussen elke zin en breng daarbij je aandacht naar de reactie van jouw hart/geest/lichaam op deze beoefening. Voel de gevoelens, of het gebrek aan gevoelens. Erken het verlangen naar vergiffenis.

Wanneer de geest zich te veel verliest in het verhaal en wanneer hij begint te rationaliseren en te veroordelen, breng dan je aandacht gewoon weer terug naar de ademhaling en naar het lichaam in het nu; vervolgens ga je door met de zinnen:

'Ik vraag om jouw vergiffenis.'

'Vergeef me alsjeblieft voor het leed dat ik je heb aangedaan.'

'Ik begrijp nu dat ik niet vaardig was en dat mijn daden jou hebben gekwetst. En ik vraag je om vergeving.'

Besteed wat tijd aan het herhalen van deze zinnen. En terwijl je je niet-vaardigheid uit het verleden overdenkt, vergeet dan niet om je buik weer te ontspannen wanneer hij verkrampt door angst en veroordeling.

Kom weer tot rust, in- en uitademend vanuit het centrum van je hart. Gebruik een paar ogenblikken om het laatste aspect van de oefening los te laten.

Begin nu met het overdenken van alle *manieren waarop jij gekwetst* werd tijdens dit leven. Hou voor ogen dat je probeert om de daders te vergeven, maar niet de daden; en dat, net zoals jijzelf soms verward en niet vaardig was, ook zij die jou kwetsten dat vanuit verwarring of lijden deden.

Haal nu de *mensen* voor de geest *die jou gekwetst hebben* en laat ze weer binnen in je hart. Probeer, met zo veel mogelijk genade en mededogen, vergiffenis te schenken aan diegenen die jou pijn hebben gedaan, diegenen tegen wie je wrok koestert. Gebruik dezelfde zinnen:

'Ik vergeef je.'

'Ik vergeef je voor alle manieren waarop je mij gekwetst hebt.'

'Of de pijn nu werd veroorzaakt door jouw daden, gedachten of woorden, nu schenk ik je vergiffenis.'

'Ik weet dat jij verantwoordelijk bent voor je daden, en ik schenk je vergiffenis.'

Pauzeer ook nu tussen elke zin en breng daarbij je aandacht naar de reactie van jouw hart/geest/lichaam op deze beoefening. Voel de gevoelens die in je opkomen, of het gebrek aan gevoelens. Erken het verlangen naar vergiffenis.

Wanneer de geest zich al te zeer verliest in het verhaal en wanneer hij begint te rationaliseren en te veroordelen, breng dan je aandacht gewoon weer terug naar de ademhaling en het lichaam in het nu; vervolgens ga je door met de zinnen:

'Ik vergeef je.'

'Ik vergeef je alle manieren waarop je mij gekwetst hebt.'

'Of de pijn nu werd veroorzaakt door jouw daden, gedachten of woorden, ik schenk je nu vergiffenis.'

'Ik weet dat jij verantwoordelijk bent voor je daden, en ik schenk je vergiffenis.'

Nadat je zo een tijdje vergiffenis hebt ervaren, kun je de zinnen weer loslaten en breng je je aandacht weer naar de directe ervaring van het nu. Voel hoe de ademhaling komt en gaat, ontspan je buik en ontspan in het heden. Probeer alle lagen van deze oefening los te laten en kom tot rust in de ervaring van je ademhaling in het centrum van je hart.

Wanneer je er klaar voor bent, verlaat dan alle gedachten over diegenen die jou gekwetst hebben en breng je aandacht weer naar jezelf. Adem vanuit het centrum van je hart, in en uit. Neem even de tijd om het vorige onderdeel van de oefening los te laten.

Wanneer je er klaar voor bent, begin dan over jezelf na te denken. Erken alle manieren waarop je jezelf gekwetst hebt. Overdenk je leven en je gedachten, gevoelens en handelingen voor jezelf. Sta open voor een diepe ervaring van de veroordelende en kritische gevoelens die je voor jezelf koestert. We hebben anderen gekwetst, maar we hebben onszelf op net zoveel manieren pijn gedaan. We hebben onszelf zo vaak verraden en in de steek gelaten door gedachten, woorden en daden – soms opzettelijk, vaak onopzettelijk.

Voel hoe je lichaam en je geest het leed en het verdriet ervaren voor jezelf en voor de verwarring in je leven. Probeer steeds milder te worden bij elk gevoel dat opkomt, terwijl je elk moment inademt. Nodig jezelf weer uit, in je eigen hart. Laat vergiffenis opwellen.

Stel je vervolgens voor, of ga terug naar momenten in je leven dat *je jezelf veroordeelde of bekritiseerde en jezelf emotioneel of lichamelijk pijn hebt gedaan.* Schenk jezelf vergiffenis, met zo veel mogelijk genade en mededogen. Misschien kun je jezelf voorstellen als kind en ben je zo in staat om de ontkende aspecten van jezelf weer in je hart toe te laten:

'Ik vergeef je.'

'Ik vergeef je alle manieren waarop je mij gekwetst hebt.'

'Of de pijn werd veroorzaakt door mijn daden, gedachten of woorden, nu schenk ik je vergiffenis.'

'Ik weet dat ik verantwoordelijk ben voor mijn daden, en ik schenk mezelf vergiffenis.'

Pauzeer ook nu tussen elke zin en breng daarbij je aandacht naar de reactie van jouw hart/geest/lichaam op deze beoefening. Voel de gevoelens die in je opkomen, of het gebrek aan gevoelens. Erken het verlangen naar vergiffenis.

Wanneer de geest zich te veel verliest in het verhaal en wanneer hij begint te rationaliseren en te veroordelen, breng dan je aandacht gewoon weer terug naar de ademhaling en het lichaam in het nu; en ga door met de zinnen:

'Ik vergeef je.'

'Ik vergeef je voor alle manieren waarop je mij gekwetst hebt.'

'Ik vergeef mezelf, op welke manier ik mezelf dan ook pijn deed: door mijn daden, gedachten of woorden.'

'Ik weet dat ik verantwoordelijk ben voor mijn daden, en ik schenk mezelf vergiffenis.'

Gun jezelf een moment van dankbaarheid voor je poging om jezelf te bevrijden van de langgekoesterde haatgevoelens die het leven moeilijker maakten dan nodig.

Wanneer je er klaar voor bent, open dan je ogen en breng je aandacht weer naar de kamer of de ruimte waar je nu bent.

7

HART.CORE.LIEFDE

*de hardcore uitdagingen om lief te hebben in
een wereld van voortdurende verandering*

Eén wezenlijk aspect van het hart is liefde. Liefde wordt op meerdere niveaus ervaren. We voelen *persoonlijke liefde* voor familieleden en vrienden. We ervaren *romantische liefde* in onze seksueel intieme relaties. Ten slotte is er ook *universele liefde* (of *onvoorwaardelijke liefdevolle vriendelijkheid*), die cruciaal is voor de vrijheid van ons hart. In dit hoofdstuk beperken we ons tot de eerste twee soorten liefde. Liefdevolle vriendelijkheid bewaren we voor het volgende hoofdstuk.

PERSOONLIJKE LIEFDE

Persoonlijke liefde is een natuurlijk onderdeel van de evolutie die wij als levende wezens doormaken. In ideale omstandigheden hechten we ons aan onze ouders, broers, zussen en dierbare vrienden; we houden van hen. Het is uiteraard niet zo verrassend dat *persoonlijke liefde* ons ertoe aanzet om alles heel *persoonlijk* op te vatten. Bijvoorbeeld wanneer pa of ma zich niet gedragen zoals wij graag zouden willen, kan het zijn dat we onze liefde terugtrekken en haar vervangen door woede, verdriet of een andere negatieve reactie. Persoonlijke liefde heeft de neiging voorwaardelijk te zijn: als onze vrienden en familieleden van ons houden, dan houden wij ook van hen. Wanneer ze gemeen of egoïstisch zijn, hebben we de neiging om op dezelfde manier te reageren en uiteindelijk houden we misschien niet meer van ze. Sterker nog, we kunnen de mensen van wie we eens hielden, gaan haten.

Persoonlijke liefde mist wijsheid, want ze wordt beheerst door het menselijke overlevingsinstinct. (Ja hoor, daar heb je het weer!) Zoals je zo langzamerhand wel weet, bestaat ons overlevingsinstinct uit het liefhebben van genot en iedereen die ons dat levert, en het haten van pijn en iedereen die dit veroorzaakt. Wat de meeste mensen *liefde* noemen, is niets meer dan een ingebouwd biologisch overlevingsinstinct. We zoeken alles op wat prettig, koesterend en ondersteunend is en we hebben weinig of geen tolerantie voor pijn. Daarom kan ik het ene moment van je houden (wanneer ik krijg wat ik wil) om je vervolgens te haten (wanneer je mij niet langer voldoende aandacht schenkt). Persoonlijke liefde is grillig en voorwaardelijk. Er straalt weinig eigen inzet uit. Ze mist vergeving en ze begrijpt de vergankelijkheid niet. Als we maar in genoeg pijnlijke situaties terechtkomen met onze ouders, broers, zussen en vrienden, dan zullen we hen uiteindelijk volledig uit ons hart weren.

Familie is natuurlijk altijd een mengelmoes van prettige en onprettige ervaringen. Maar thuis neigt de persoonlijke liefde altijd naar genotverschaffers. Ik praat hier op het basisniveau van genot door voedsel, onderdak, aandacht, vriendelijkheid en glimmende speelgoedjes. Ongetwijfeld herkennen velen van ons de tragische ervaring waarbij we als jongere volkomen in de war raakten wanneer een ouder of een andere belangrijke verzorger ons niet de aandacht of vriendelijkheid schonk waar we behoefte aan hadden. Die kortsluiting in de kindertijd veroorzaakt later bij volwassenen een patroon van zoeken naar liefde bij personen die dit niet kunnen geven, of in situaties waarin die liefde niet kan voorkomen. Dit is één van de tragische missers in de evolutie van de menselijke hart/geest: diegenen onder ons die al heel vroeg het verraad van de ouderlijke band hebben ervaren, zijn geneigd om later relaties te aanvaarden die eerder pijnlijk dan prettig zijn (we zoeken ze zelfs op!). Dit in plaats van op mensen af te gaan die ons echte aandacht kunnen en zullen schenken, ons vriendelijk zullen behandelen en van ons zullen houden.

Ik heb aan den lijve ondervonden wat het betekent om verstrikt te raken in patronen van ongezonde relaties. Als kind werd ik geconditioneerd door mijn moeder: ze worstelde met verslaving, moest twee kapotte huwelijken verwerken en ze deed haar best om vier kinderen op te voeden. Hierdoor kreeg ik erg verwarde ideeën over liefde en relaties. Als volwassene bleek ik telkens weer liefde te zoeken bij vrouwen die emotioneel onbereikbaar waren. Mijn verlangen naar intimiteit was ontaard in een zoektocht naar de genezing van een oude wond. Niet gezien worden in een relatie was een pijnlijk vertrouwd gevoel en zo overheersend dat ik mijn partnerkeuze erop afstemde. Van buitenaf bekeken leek het er waarschijnlijk op dat ik pijn lekker vond. En misschien vónd een deel van mij dat ook wel: het voelde tenslotte vertrouwd – het leek zó op mijn kindertijd.

Het goede nieuws is: de cyclus, dat alsmaar dwangmatig frustreren van het hartsverlangen om lief te hebben, kan door de dharmapraktijk worden stopgezet. Naarmate ik het vergeven van mijzelf en anderen beoefende, merkte ik dat er een verandering in mijn relaties optrad. Ik hield op met zoeken naar het onbereikbare en ik voelde langzaam maar zeker dat ik toch echt een geliefde verdiende die aanwezig en beschikbaar was, iemand die open stond voor werkelijke intimiteit. Uiteindelijk vond ik de vrouw met wie ik mijn leven wilde doorbrengen en die niet alleen een vervanging voor 'mammie' was. Mijn vrouw en ik zijn nog maar vier jaar samen, maar ik weet zeker dat al het geluk en plezier dat we delen het gevolg is van het feit dat dharmabeoefening mijn hart heeft genezen.

De boeddhistische beoefening van mindfulness, vergiffenis, mededogen en liefdevolle vriendelijkheid doen de persoonlijke liefdesrelaties heel veel goed. Als we de geest en het hart niet trainen via meditatieve methoden, dan zal onze liefde altijd beperkt en voorwaardelijk blijven. Maar door inzet en door de wijsheid die ontstaat door meditatie zal het vermogen van het hart om lief te hebben, blijven groeien tot we ten slotte in staat zijn om liefdevol te blijven midden in pijnlijke situaties. En natuurlijk, hoe open, liefdevol en vertrouwelijk we ook worden, in onze relaties zullen altijd pijnlijke momenten zijn. Dat is de aard van persoonlijke liefde: in deze wereld van voortdurende verandering, van instinctieve drang naar genot gecombineerd met individuele verlangens, zúllen we af en toe de pijn van hechting, afkeer en verdriet ondergaan. In persoonlijke liefdesrelaties hebben we de neiging ons vast te klampen, en vastklampen is van nature pijnlijk. En toch, als we eraan werken dan helpt mededogen ons om liefdevol te blijven, zelfs wanneer we niet krijgen wat we willen. Wanneer we, samen met genade, vriendelijkheid en vergiffenis, heel bewust mededogen kweken, dan zal onze ervaring van persoonlijke liefde langzamerhand overvloeien in het rijk van de onvoorwaardelijke liefde.

ROMANTISCHE LIEFDE

Hunkeren naar genot vormt het middelpunt van ons menselijke bestaan. Het is dus niet toevallig dat seksualiteit één van de meest prettige ervaringen is die wij kunnen beleven – niet alleen de seksuele daad, maar alles wat seksualiteit betreft, zoals: intimiteit, voortplanting, seksueel genot en liefdevolle relaties. De Boeddha beschouwde seksuele energie als de sterkste van alle energieën die we ervaren en waarschijnlijk ook de allermoeilijkste om vaardig mee om te gaan. Mocht er, zo zei hij, een andere energie bestaan die net zo krachtig was als lust, dan zou niemand ooit verlicht worden. Ook hij niet. Het is de kracht van mindfulness en liefdevolle vriendelijkheid die ons in staat stelt om met de energie van seksualiteit om te gaan en om er vaardig mee te werken. De energieën van aversie, haat en waan zijn eenvoudigweg niet zo krachtig als het verlangen naar seks en ze kunnen dus worden overwonnen. Het verlangen van onze soort zich voort te planten – een zijtak van ons overlevingsinstinct – mag dan niet bewust zijn, het is in iedere cel aanwezig.

We houden van seks en vaak voelen we romantische liefde voor onze seksuele partners. Natuurlijk is dat niet altijd waar – veel mensen hebben veel seks zonder romantische gevoelens – maar in het belang van dit deel ga ik ervan uit dat liefde en seks voor de meesten meestal met elkaar verbonden zijn. Uiteraard begrijp ik wel dat seks en liefde zeer ingewikkelde en vaak los van elkaar staande onderwerpen zijn en ik weet dat niet iedereen ervan gediend is dat ik ze door elkaar meng. Maar ik weet ook dat bij vrijwel iedereen seks en liefde elkaar op een bepaald punt in het leven overlappen. Ik zal niet zeggen dat je altijd verliefd moet zijn om seks te hebben of dat je verliefd zult worden op iedereen met wie je vrijt; en zelfs niet dat het beter is om verliefd te zijn op je seksuele partners. Ik wil geen moreel oordeel vellen of ethische regels bepalen. Ik probeer me slechts te richten op dat wat ons allemaal ooit, of keer op keer overkomt: bedwelmd raken door de vergankelijke ervaring van romantische liefde.

Het genot en de intimiteit die seksualiteit verschaft, scheppen zo'n prachtig waanbeeld van veiligheid en geluk dat we het al snel liefde noemen. Bij de romantische liefde voelen we ons omarmd, gezien en gewaardeerd. Seks is de primaire verbinding in de romantische liefde, het gemeenschappelijke genot dat wordt ervaren door het geven en ontvangen van seksuele handelingen.

Romantische liefde is echter bijna altijd voorwaardelijk en vergankelijk. Het is prachtig om verliefd te zijn, een groot geluk om romantische liefde te ervaren, maar dat soort liefde komt onvermijdelijk tot een einde. Zelfs tijdens een romantische relatie zijn er momenten waarop de verlangens van de partners niet met elkaar in harmonie zijn – het aloude 'Ik ben niet in de stemming'. En zelfs in een absolute droomrelatie, waarbij je verliefd wordt en dan 'nog lang en gelukkig' leeft, sterft uiteindelijk één van beiden eerst en blijft de ander in groot verdriet achter: 'lang en gelukkig' eindigt onvermijdelijk met jouw dood of met het verlies van je levenspartner.

Hechten schijnt eigen te zijn aan romantische relaties en daarin schuilt ook de moeilijkheid. Het doel – onvoorwaardelijke/niet-gehechte interactie – wordt op de proef gesteld zodra seks in beeld komt. De mens hecht zich van nature aan het genot van seksuele intimiteit – een intimiteit die niet alleen het fysieke genot van seks met zich meebrengt, zoals hierboven beschreven, maar ook gevoelens van zekerheid en veiligheid. Zelfs wanneer één van beide partners niet gehecht is – of waarschijnlijker: emotioneel niet beschikbaar – zal de ander zich toch meestal vastklampen aan het idee dat de niet-gehechte partner zal veranderen en op die manier creëert hij of zij groot leed voor zichzelf.

Natuurlijk is het probleem van hechting niet specifiek voor romantische liefde. Zoals we al zagen, komen we op allerlei manieren in de knoei door het gebrek aan aanvaarding van de vergankelijkheid. We willen liever niet dat de dingen veranderen, op welk gebied dan ook. Maar die vorm van hechting creëert een speciaal probleem bij romantische liefde. Immers, seksueel verlangen en seksuele voldoening zijn natuurlijk, mooi en prettig. *Natuurlijk* willen we het genot van seks, en van liefde, en van intimiteit. Maar we willen niet dat die ervaring verandert of eindigt, en we willen ook niet dat onze beminde partner verandert (of we willen *juist* dat hij of zij verandert wanneer we niet op één lijn zitten). We willen niet begrijpen of aanvaarden dat alles en iedereen zal veranderen, op een eigen manier en volgens een eigen tijdschema. Ik ken bijvoorbeeld een aantal stelletjes waarbij – toen ze als jong-volwassenen bij elkaar kwamen – beiden het erover eens waren dat ze geen kinderen wilden. Maar naarmate ze ouder werden, veranderde dit: één van beiden wilde na verloop van tijd wel kinderen. Zo'n evolutie zorgt voor een groot dilemma bij stellen waarbij de partners nog hevig verliefd op elkaar zijn. De verandering wordt dan óf een breekpunt óf op zijn minst een moeilijk te nemen hindernis. In het geval van mijn vrienden is een aantal stellen uit elkaar gegaan; andere bleven bij elkaar, waardoor diegene met een kinderwens zijn/haar verlangen moest loslaten, of andersom, dat degene *die geen* kinderen wilde de ongewilde geneugten van het ouderschap moesten aangaan.

Soms hebben mensen het geluk dat ze gelijke tred houden wat betreft het tempo en de richting waarin ze veranderen in romantische relaties; met andere woorden, ze veranderen samen. Ze komen tot elkaar en groeien, en het lijkt allemaal te werken. Anderen ontwikkelen een bepaald niveau van onvoorwaardelijkheid in de relatie en laten hun partner groeien en veranderen zonder zich bedreigd te voelen. Wanneer er iets in ons of in onze partner verandert, zwichten de meesten onder ons echter voor het doordringende waandenkbeeld dat het op de een of andere manier onze schuld, of die van de ander is. We beschouwen verandering als verraad. We verschuiven van 'Vroeger hadden we elke nacht seks en nu doen we het nog maar één keer per week' naar 'Je houdt zeker niet meer van me'. We vatten vergankelijkheid en verandering persoonlijk op, alsof het ergens onze fout is (of die van onze partner). We reageren vaak door ons vast te klampen, door ons vast te houden aan hoe de dingen altijd waren of door ons in de misvatting te verliezen dat we onze geliefde kunnen veranderen in de persoon die wij wensen. We lopen vaak vast in hoe wij de dingen wensen, in plaats van tot rust te komen in het aanvaarden van de dingen zoals ze zijn.

De Boeddha zag wat voor uitdaging het is om een seksuele relatie aan te gaan zonder dat je vast komt te zitten, zonder dat je verslaafd of gehecht raakt en uiteindelijk lijden ervaart. Als antwoord raadde hij aan een houding van liefdevolle vriendelijkheid aan te nemen voor alle levende wezens in plaats van voor slechts één. Hij erkende de mogelijkheid van volledige bevrijding binnen een seksuele relatie. Maar het lijkt alsof hij voelde dat het nog moeilijker was om vrij van lijden te zijn binnen een seksuele relatie dan voor het celibaat te kiezen. De Boeddha beoefende inderdaad het celibaat en hij schreef het ook voor aan iedereen die het kloosterlijk pad koos. Het celibaat is zeker een mogelijke optie. We *hoeven* geen seks te hebben, wat het overlevingsinstinct ons ook maar vertelt; we kiezen ervoor.

Diegenen onder ons die kiezen voor het pad van seks en relaties in plaats van voor het celibaat, staat nogal wat te wachten. Het is daarom belangrijk dat we de volledige verantwoordelijkheid nemen voor het feit dat we *kiezen* om hieraan deel te nemen: we zijn geen slachtoffer, we zijn ook niet machteloos – we kiezen voor een aspect van het leven dat een uitdaging vormt. Voor ons, spiritueel van geest, vormen de seksuele relaties een belangrijk aspect van onze dharmapraktijk. De beoefening en het doel is niet-hechten. Onthoud echter: *niet*-hechting is niet hetzelfde als *ont*hechting. Onthechting is 'scheiden van'; onthechten is je terugtrekken, loskoppelen. Niet-hechting, aan de andere kant, is een ervaring waarbij je volledig betrokken en verbonden in het midden staat van alles wat er gebeurt, wat dat ook moge zijn; zonder je vast te klampen of controle af te dwingen. In romantische relaties doen we een dans van vastklampen/onthechten/opnieuw verbinden/liefdevol verbonden zijn (niet-gehecht)/vastklampen/ onthechten… opnieuw en opnieuw en opnieuw. Maar de boeddhistische hartpraktijken helpen ons het vermogen te verdiepen het ideaal van niet-gehechte liefdevolle verbinding vol te houden. En wanneer we in de fout gaan – en dat zullen we – dan hebben we de beoefening van vergiffenis die ons helpt om makkelijker los te laten en de dans opnieuw te beginnen.

8

DE METTA SUTTA

liefdevolle vriendelijkheid: de 'snelweg' naar vrijheid

De Boeddha was heel duidelijk en precies: de mens is genood-
zaakt en heeft ook de mogelijkheid om zich volledig te bevrijden van gehechtheid en aversie, zodat hem alleen een liefhebbend
hart rest. Een radicaal idee, zeker. Maar het is niet onbereikbaar
of onrealistisch. Het betekent *niet* dat we niet verbonden kunnen
blijven met onze romantische en persoonlijke relaties. Het ontwaakte hart heeft daar allemaal ruimte voor. Wanneer je partners,
vrienden en familieleden zich echter niet bezighouden met het
proces van ontwaken, dan zouden ze het wel eens niet zo fijn
kunnen vinden dat jij net zoveel liefde voelt voor een dakloze op
straat als voor hen!

De meest gedetailleerde les van de Boeddha over dit aspect
van onze hart/geest kun je vinden in een toespraak die de 'metta
sutta' heet.

Metta wordt vertaald als hartelijkheid, aardigheid, liefdevolle vriendelijkheid of onvoorwaardelijke liefde, afhankelijk van wie je het
vraagt. Sutta betekent 'les'. De metta sutta is dus een les van de
Boeddha over liefde, aardigheid, hartelijkheid en onvoorwaardelijke vriendelijkheid. Ik wil dit volgende deel wijden aan de diepe
gevolgen die deze les voor ons heeft.

Metta sutta: de Boeddha's woorden
over liefdevolle vriendelijkheid

Hij die vaardig is in goedheid
En die het pad van vrede kent
Zou het volgende moeten doen:
Laat hem bekwaam en oprecht zijn,
Open en zachtaardig sprekend.
Nederig en niet verwaand,
Tevreden en matig.
Onbelast door plichten en spaarzaam levend.
Vredig en kalm, wijs en vaardig,
Niet trots en gretig van nature.
Laat hem niet het minste doen dat de wijzen later zouden afkeuren.
Laat hem wensen:
In vreugde en in veiligheid,
Mogen alle wezens rust vinden.
Welke levende wezens er ook mogen zijn;
Zwak of sterk, niet één uitgezonderd,
Of ze nu reusachtig of machtig zijn, middelmatig, klein of nietig,
Zichtbaar of onzichtbaar,
Of ze dichtbij leven of ver weg,
Zij die geboren zijn of nog geboren moeten worden,
Mogen alle wezens rust vinden!
Laat de een de ander niet bedriegen,
Of enig wezen verachten, in welke gemoedstoestand dan ook.
Laat niemand, door boosheid of vijandigheid,
Een ander leed toewensen.
Zoals een moeder haar kind,
Haar enig kind zou beschermen,
Zo dient men met een onbegrensd hart
Alle levende wezens te koesteren,
En vriendelijkheid te ontplooien over de hele wereld,
Zich naar boven uitstrekkend, naar de ruimte,
En naar beneden, naar de diepten;
Open en onbevangen,
Vrij van haat en vijandigheid.

Of men nu staat, loopt, zit of ligt,
Men moet vrij van sufheid
Zijn aandacht hierop blijven richten.
Dit noemt men het verheven verwijlen:
Zich niet vastklampend aan opinies,
Zal de zuivere van hart, in het bezit van een helder inzicht,
En bevrijd van alle zintuiglijke verlangens,
niet meer in deze wereld geboren worden.

Laten we elke zin diepgaand onderzoeken:

Hij die vaardig is in goedheid
En die het pad van vrede kent
Zou het volgende moeten doen

Ik heb dit begin altijd een beetje ontmoedigend gevonden. Als
we het pad van vrede al kennen en als we ook al bedreven zijn
in goedheid, waarom zouden we dan nog de moeite nemen om
te mediteren? Daarom beluister ik die woorden meer als 'Hij die
vaardig in goedheid *wil* zijn en die het pad van vrede *wil* kennen,
zou het volgende moeten doen'. Met andere woorden, ik beluister
deze zinnen als een uitdrukking van de *richting* die ik uitga. Wanneer ik deze weg volg, zeggen die woorden, dan zal ik bedreven
worden in goedheid en dan zal ik het pad van vrede leren kennen. Klinkt goed. Als 'vaardig in goedheid' betekent dat ik geen
lijden meer zal ervaren of veroorzaken, zet mij dan maar op de
lijst! En als 'vrede kennen' betekent dat ik in elke omstandigheid
rust ervaar, kom maar op dan. Vaardigheid en kennis vergaren?
Ik ben er klaar voor.

Laat hem bekwaam en oprecht zijn

Hier beginnen de instructies. Maar wat betekent dat nu, bekwaam
en oprecht zijn? Zoals ik het zie, zijn *alle* wezens in staat om lief te
hebben, om te ontwaken en vredig te zijn. Ik hoor deze instructie
als: 'We moeten ons openstellen voor het harde werk dat voor
ons ligt.' Ik moet ineens denken aan een Italiaanse gangster die

instaat voor zijn vriend en zegt: 'Die vent is oprecht (*straight*): hij is volkomen bekwaam en oprecht.' Een vent of meid die integer en betrouwbaar is en bereid om te doen wat nodig is voor 'de familie', wordt 'oprecht' genoemd. Wat dit betreft lijkt de *sangha* (gemeenschap) van mensen die mediteren een beetje op een maffiafamilie. Wil jij loyaal zijn aan de *sangha*? En integer handelen met bevrijding als doel?

'Oprecht' zijn verwijst ook een beetje naar de meditatiehouding: rechtop zitten terwijl je hart en geest oefent in goedheid en vrede.

Open en zachtaardig sprekend

De opdracht om 'open en zachtaardig te spreken' is veel duidelijker. Om ons leven vanuit liefde te leiden moeten we wijs en voorzichtig omgaan met de manier waarop we communiceren. 'Open zijn' betekent eerlijkheid betrachten. De waarheid spreken maakt onlosmakelijk deel uit van liefhebben. Eerlijkheid kan echter zachtaardig of wreed zijn. De Boeddha raadt ons zachtheid aan. Dat betekent niet dat we altijd moeten fluisteren; we moeten dus niet praten met een overdreven zachte stem waardoor het lijkt alsof we voortdurend aan de dope zitten. Nee, het is een praktisch voorstel om je intentie te toetsen: komt dat wat je wil zeggen voort uit een gevoel van liefde, een zacht en gepast gevoel? Of zit je verstrikt in allerlei *bullshit* en spreek je vanuit vijandigheid, oneerlijkheid of egoïsme? Zoals je misschien hebt gemerkt door mijn gebruik van de term bullshit in de vorige zin: ik geloof niet dat grof taalgebruik buiten het gebied van eerlijkheid en zachtaardigheid valt. In werkelijkheid denk ik dat niet vloeken wanneer krachtige woorden nodig zijn, een vorm van onoprechtheid kan zijn. Dat is dan net zo'n spiritueel masker als die zelfbewust zalvende dope-stem. Wanneer we een vent of meid willen zijn die 'recht door zee' is, dan moeten we de boel 'echt' houden. Niet de nagemaakte spirituele huichelaar spelen, maar onze communicatie uit het hart laten opwellen.

Nederig en niet verwaand

Nederigheid ligt aan de basis van het pad van liefde. Naarmate we liefdevoller en wijzer worden, zal het ego de ervaringen van wijsheid naar zich toe willen trekken. Nederigheid is geen staat van egoloosheid, het is een wijze relatie met het ego. Nederigheid betekent niet dat er geen verwaandheid in de geest opkomt maar dat je de wijsheid hebt om de verwaandheid, dat opblazen, niet persoonlijk op te vatten. Wanneer we onszelf opblazen en zelfingenomen zijn, dan geloven we meestal het ego dat erop aandringt dat we beter of slechter zijn dan anderen. Nederigheid is een methode die ons in staat stelt om die druk te weerstaan en tot een wijze relatie met het ego te komen. Het is wel voortdurend opletten geblazen. De geest creëert immers aanhoudend een 'zelf' uit dat deel van onze ervaring dat we *ego* noemen. Daarbij probeert de geest dat 'zelf' als permanent voor te stellen. Hieruit ontstaat altijd maar weer hoogmoed.

Hoewel we verwaandheid vaak zien als het opblazen van het zelf, hoort het 'leeglopen' van het zelf daar ook bij. Verwaandheid ontstaat wanneer we geloof hechten aan onze innerlijke dialoog – het geloof in het eerder genoemde aandringen van het ego dat we beter of slechter zijn dan anderen – en wanneer we ons identificeren met dat vergelijkend oordeel en het tot ons zelfbeeld maken. Als de innerlijke dialoog de kant uitgaat van een opgeblazen zelfbeeld, dan noemen we het *egocentrisme* of *opgezwollen ego*. Maar als de innerlijke dialoog meer neigt naar een leeggelopen gevoel van het zelf, dan spreken we van *gebrek aan zelfvertrouwen, gebrek aan eigenwaarde* of *zelfhaat*. Met andere woorden, gebrek aan zelfvertrouwen en zelfhaat zijn een vorm van verwaandheid. Verwaandheid betreft niet zozeer onze gedachten over wie we zijn, maar gaat meer om de mate waarin wij die gedachten toestaan om te definiëren wie we zijn. Nederigheid houdt in dat we in bescheidenheid aanvaarden dat wij liefde en vriendelijkheid waardig zijn en dat wij alles wat nodig is om gelukkig te zijn, binnen in onszelf hebben. Niet verwaand zijn betekent dat we inzien dat egotrips – opgeblazen of leeggelopen – het niet waard zijn om persoonlijk opgevat te worden. Trap niet in Mara's val en geloof niet alles wat de geest ervaart!

Tevreden en matig

Tevreden en matig zijn, dat lijkt nogal een opdracht. Ik kan dit lezen als een methode die toe werkt naar het aanvaarden van wat je aangeboden wordt. Toch denk ik dat het veel dieper gaat dan het bitter aanvaarden van de mindere omstandigheden in het leven. Tevreden zijn betekent: zich echt voldaan voelen over wat er gebeurt, door het eten dat werd aangeboden, door een dienst die werd verleend, door het weer, door de relaties die we hebben, door het werk dat we doen – tevreden met *wat is*. Dit is weer zo'n plek waar ik liever had gezien dat de Boeddha het idee wat actiever had voorgesteld: als 'het streven' naar tevredenheid en matigheid. Tevredenheid en matigheid zijn meer processen dan een permanente manier van zijn; ze horen bij de resultaten die we met dharmapraktijk willen boeken, maar het zijn ook keuzes van moment tot moment, elke dag weer. 'Kan ik dit moment aanvaarden zoals het nu is en geeft het me voldoening?' Hier hebben we eerlijkheid bij nodig. Soms is het antwoord 'ja', vaak moeten we echter toegeven dat we nog niet echt zover zijn. We worden nog steeds overheerst door onze voorkeuren. Maar de oplossing ligt verscholen in het idee dat het mogelijk is om matig te zijn en geluk te ervaren in het aanvaarden van het leven zoals het is. En dat terwijl je nog steeds toe werkt naar minder lijden en meer vrijheid.

Onbelast door plichten en spaarzaam levend

Merk op dat er niet 'vrij van plichten' staat. Er wordt echter gesteld dat de wijze zich niet *belast voelt* door zijn of haar plichten. We hebben allemaal zo onze plichten: werk, huishouden, familieverplichtingen, maatschappelijke of sociale verplichtingen. Stel, je wordt opgeroepen om in de jury van een rechtbank te zitten. Iedereen heeft een hekel aan de juryplicht: de dagelijkse routine wordt verstoord en je krijgt een veel te krappe vergoeding. Maar wanneer je een volgende keer wordt opgeroepen, probeer er dan met een vriendelijke houding naartoe te gaan, onbezwaard door de verantwoordelijkheid. Ga bij jezelf na hoe dit de ervaring verandert.

We doen altijd wel *iets*. Soms zijn onze taken prettig, soms zijn ze onprettig. Het is belangrijk om op het pad van liefdevolle vriendelijkheid voor ogen te houden dat de onprettige taken geen last zijn maar dat ze alleen de gelegenheid bieden voor vriendelijkheid en mededogen. De balans die we zoeken, kan alleen gevonden worden wanneer we vanuit eenzelfde zuiverheid aan een taak beginnen, of die taak nu prettig is of niet. Het resultaat van deze goede eigenschap is dat we niet meer zomaar chagrijnig doen wat moet gebeuren: we stáán voor onze plichten en we vervullen ze zonder gezeur of wrevel.

In het tweede deel van de zin kunnen we 'spaarzaam' begrijpen als de gebalanceerde en gepaste manier waarop we onze tijd, onze energie en ons geld besteden. Het betekent niet dat we geforceerd of stug met onze uitgaven moeten omgaan; het is echter de bedoeling dat we de nodige tijd, energie of middelen besteden die in een bepaalde situatie vereist zijn, maar ook niet méér. Dus niet overenthousiast worden en je niet verliezen in gulzigheid en overdaad.

Voor onze meditatietraining heeft dit belangrijke gevolgen. We moeten leren om ook meditatie evenwichtig, gepast en spaarzaam te benaderen, net als alle andere situaties. Het is niet de bedoeling dat we onszelf overbelasten of dat we *overmatig* worden in ons streven naar vrijheid. In het verleden zijn er momenten geweest waarop ik mijn leven uit balans bracht doordat ik te veel tijd en energie in mijn meditatiepraktijk stopte. Hierdoor negeerde ik sommige verplichtingen en verantwoordelijkheden, zoals mijn gezondheid en mijn financiële situatie. Gaandeweg begreep ik dat spaarzaamheid betekent dat ik aan *alle* facetten van mijn leven gelijke aandacht moet besteden. Het werd me duidelijk dat ik taken als lichaamsbeweging, gezond eten en het beheer van het huishoudboekje op een wijze en spaarzame manier moet uitvoeren in plaats van dag na dag de godganse dag te mediteren.

Vredig en kalm

Vredig en kalm worden is een doel waar de meeste mensen onmiddellijk mee instemmen. We mogen echter niet vergeten dat vredig zijn als individu niet automatisch betekent dat het leven zelf vredig is of dat er wereldvrede heerst. Vredigheid is geen synoniem voor afwezigheid van moeilijkheden of conflicten om ons heen. In plaats daarvan is het een innerlijke relatie tot alles wat gebeurt, of het nu prettig, pijnlijk of onbestemd is. Velen van ons hebben een diepgeworteld waanidee over wat het betekent om vredig te zijn. We klampen ons vast aan het concept van vrede als een aangename toestand waarin niets moeilijk, pijnlijk of lastig is. Dit idee over vrede moet je vervangen door de realiteit waarin je *nooit* een wereld zonder problemen zult creëren. Je enige hoop ligt in het vormen van een relatie met het leed en de vreugde in de wereld, een relatie in balans met de werkelijkheid. Niet lijden door lijden is vrede hebben met lijden. Niet vastklampen aan niet-vastklampen is vrede hebben met vastklampen.

De kalmte van metta is ook: vredig zijn te midden van alles wat is. Het is niet de kalmte van het gladde meer dat onbewogen blijft. Het is de kalmte waarmee je over de verpletterende golven van *samsara* – het boeddhistische idee van de zee van het bestaan – scheert, zonder zeeziek te worden. De methode hier is: het aanvaarden van alles wat is en kalm en vredig reageren. Nogmaals, kalmte is niet de afwezigheid van moeilijke omstandigheden; het is de ontspannen en rustige respons op alles wat er gebeurt.

Wijs en vaardig

Ik vind het heel goed dat wijs en vaardig hier bij elkaar gevoegd zijn. Wijs zijn betekent dat je de realiteit doorhebt. Zo bekeken kun je het misschien wel herleiden tot inzicht hebben in de vergankelijkheid, de waarheid van het lijden en het niet-zelf. Maar *weten* wat er gebeurt en *vaardig zijn in relatie* tot wat er gebeurt, dat verschilt nogal. We kunnen bijvoorbeeld wel enige wijsheid hebben vergaard over de manier waarop onze aversie voor pijn ons veel onnodig leed berokkent. Maar we zijn mogelijk nog niet vaardig genoeg om onze afwijzende reactie op pijn altijd (of zelfs vaak) te vervangen door de respons van mededogen dat de dharma van ons verlangt. 'Vaardig zijn' betekent dat je elke ervaring met de juiste respons beantwoordt. De vaardige respons op pijn is altijd mededogen; het vaardige antwoord op genot is altijd waarderend niet-hechten; het vaardige antwoord op een onbestemd gevoel is het enkel te laten zijn.

Hoe belangrijk wijsheid ook is, er moeten steeds vaardige handelingen uit voortkomen. Zoals eerder al is aangestipt: vaak vormen we een intellectueel wijs begrip van de dingen voordat we constant vaardige handelingen ontwikkelen. Vriendelijkheid is bijvoorbeeld altijd vaardig, maar het betekent niet dat je altijd lief moet zijn. Soms eist het vaardige gebruik van vriendelijkheid van ons dat we strakke grenzen trekken en dat we feitelijk *ophouden* met uiterlijk vriendelijk te zijn. We handelen dan streng en ernstig, maar vanuit een gevoel van vriendelijkheid. Mededogen, aan de andere kant, is *niet* altijd een vaardige respons. Mededogen is alleen nodig als respons op pijn. Bij een prettige ervaring is mededogen onnodig. Naarmate de jaren van meditatiebeoefening voorbijgaan, zul je gaandeweg steeds wijzer worden en steeds vaardiger.

Niet trots en gretig van nature

Deze instructie om niet trots of gretig te zijn, bevestigt opnieuw de eerdere verwijzingen naar nederigheid en aanvaarding. Verwaandheid vermijden is een grote uitdaging wanneer we de Boeddha's dharma volgen en we het gevoel hebben dat we grote vooruitgang op het pad hebben gemaakt. In hoeverre laten we ons ego toe om deze vooruitgang persoonlijk op te vatten? In welke mate verwordt spirituele trots tot de zoveelste bron van lijden in ons leven (of waarschijnlijker in de levens van de mensen die ook in de kamer moeten passen die al gevuld is met ons en ons grote ego)? Ik heb er een handje van om bij leraren op zoek te gaan naar zulke signalen. Wanneer een leraar overdreven trots of gretig lijkt, dan begin ik zijn of haar wijsheid en vaardigheid ter discussie te stellen. Ik heb in de afgelopen jaren vaak leraren ontmoet die ik erg bewonderde om hun boeken en lezingen. In persoonlijke ontmoetingen ontgoochelden zij me echter doordat ze overdreven veel inzet, aandacht en respect van mij verwachtten. Let op, ik wil niet zeggen dat leraren geen voorkeuren mogen hebben. Het is goed om te weten wat je wilt en om daar ook om te vragen.

Het is dan een vorm van beoefening om er geen probleem van te maken als je niet krijgt wat je wilt.

Trots kan wel een volkomen natuurlijke en gezonde respons zijn op sommige situaties; een goed afgeronde klus bijvoorbeeld, of een uitzonderlijke prestatie. Er bestaat dus wel een gezonde manier om trots te zijn op onszelf of op anderen. Merk op dat de Boeddha ook zei 'gretig van *nature*'. Ik hoor hier een waarschuwing in: je mag je af en toe best eens trots voelen en vragen wat je nodig hebt; maar laat het niet een tweede natuur worden om steeds maar te eisen dat alles is zoals jij het wilt.

Laat hem niet het minste doen dat de wijzen later zouden afkeuren

Deze raad kan je leven redden, of minstens je karma. Wanneer je iets van plan bent met een twijfelachtige intentie, bedenk dan hoe een wijs wezen die handeling zou bekijken. Ik vind het handig om mensen voor de geest te halen die ik zelf als wijs beschouw. Vaak denk ik dan aan mijn twee belangrijkste leraren, Jack Kornfield en Ajahn Amaro. Soms denk ik zelfs aan wat de Boeddha over mijn daden zou zeggen. Wat zou Boeddha doen? WZBD? Deze eenvoudige overweging kan ons helpen om zuiverder te leven. Wanneer we ons afvragen of de wijzen iets zouden goedkeuren of afkeuren, kunnen we het antwoord meestal al op onze klompen aanvoelen. Zo voelen we of we al dan niet handelen in overeenstemming met de wijsheid die we beweren te ontwikkelen.

Wees echter wel voorzichtig: ik heb vaak gemerkt dat ik naar achterdeurtjes in de beoefening zocht. Ik weet dus hoe makkelijk het is om in de val te lopen. Bijvoorbeeld: ik betrapte mijzelf erop dat ik, afhankelijk van de situatie, uitkoos *welke* wijze persoon ik mij voor de geest zou halen. Had de situatie iets met geld of seks te maken, dan zou ik niet snel aan Ajahn Amaro denken. Hij is immers een monnik die zich wijdt aan een celibatair leven en hij heeft afstand gedaan van geld. Ik zou waarschijnlijk eerder aan Jack Kornfield denken en hem misschien zelfs om raad vragen, omdat de kans groter is dat hij als lekenleraar een antwoord geeft dat ik graag wil horen. Omdat ik mijzelf meermalen betrapte op het zoeken naar makkelijke uitwegen, heb ik de gewoonte aangenomen om mij en mijn handelingen bloot te stellen aan de kritische blik van zowel mijn kloosterlijke als mijn lekenleraren. Wat zouden de monniken denken? Wat zouden mijn medeleraren aan het Spirit Rock Center denken? En wat zouden mijn studenten denken?

Het is op dit punt belangrijk om te onthouden dat elke keuze zowel lof als afkeuring zal opwekken. De Boeddha zegt in de metta sutta heel helder dat we aan 'de wijzen' moeten denken. Ik begrijp dit als 'zij die volledig verlicht zijn'. Geen van onze leraren lijkt echter volledig verlicht. Daarom moeten we aanvaarden dat we soms eerder door de onwetendheid van mensen beoordeeld en berispt worden dan door hun wijsheid.

Maar stel je toch eens de vrijheid voor die volgt uit een leven dat onberispelijk is in de ogen van de wijzen! Je moet misschien een paar van je uitspattingen opgeven maar het geluk door onberispelijkheid geeft meer plezier dan alle vluchtige shots ter wereld. Het geluk door onberispelijkheid geeft ons het vertrouwen en de waarborg dat we een wijs leven leiden. Wanneer we onberispelijk zijn in de ogen van de wijzen, dan hoeven we nergens spijt van te hebben en niets goed te maken.

Laat hem wensen:
In vreugde en in veiligheid,
Mogen alle wezens rust vinden

Dit is het punt in de metta sutta waar de eigenlijke meditatie-instructies beginnen: ons wordt opgedragen om te wensen dat alle wezens rust vinden. Maar 'in vreugde en in veiligheid', wat betekent dát dan? In mijn ogen is dit een opdracht om uit te gaan van een gevoel van dankbaarheid en van de bereidheid om bescherming te bieden. De meditatiemethode gebaseerd op deze instructie neemt vaak de vorm aan van een wens: 'Mogen alle wezens veilig zijn en beschermd tegen alle leed', gevolgd door 'Mogen alle wezens rust vinden'. Zelf gebruik ik de eerste zin niet. Ik vind het beter om niet op die manier over veiligheid te denken, want ik wil mijn hart en mijn geest niet oefenen in een onmoge-lijke wens. Natuurlijk zijn mensen in staat om zelfs in de meest pijnlijke en moeilijke omstandigheden rust te vinden. Ik geloof alleen niet dat er ooit een moment komt waarop iedereen veilig is en beschermd tegen alle leed. We leven in een onveilige wereld vol onwetendheid en haat. Mensen doen elkaar voortdurend pijn; dieren doden elkaar constant. Er bestaat geen veiligheid. Maar er is zeker een manier om rust te vinden te midden van het gevaar; de veiligheid van de hart/geest, zogezegd.

Vragen om fysieke veiligheid en bescherming van alle wezens is vanzelfsprekend een mooie en nobele wens. En misschien is het herhalen van zulke onvervulbare wensen goed voor onze eigen hart/geest. Toch vind ik het altijd vrij onoprecht om iets te wensen dat in mijn ogen onmogelijk is.

Nóg een zin die hier vaak aan wordt toegevoegd, is: 'Mogen alle wezens gelukkig zijn.' Hoewel de eigenlijke instructie van de Boeddha was om alleen 'rust' toe te wensen, toch liggen rust vinden en gelukkig zijn heel dicht bij elkaar. Maar als we geluk willen toewensen, dan is het volgens mij heel belangrijk om vooraf een realistische definitie van echt geluk te formuleren.

De meeste mensen zijn in diepe verwarring over wat 'gelukkig zijn' betekent. De algemene opvatting lijkt erop neer te komen dat we gelukkig zijn wanneer alles verloopt zoals wij het willen. Dat betekent vrijwel altijd dat we ons goed en prettig voelen. Tja, als onze definitie van geluk 'het ervaren van het prettige' is, dan zullen we heel vaak ontgoocheld worden. Uitgaande van die definitie is het onmogelijk om altijd gelukkig te zijn, want het is onmogelijk om genot oneindig vast te houden. Vanuit een boeddhistisch perspectief is het echter wel mogelijk om altijd gelukkig te zijn. Dat komt omdat de definitie van geluk voor een boeddhist niet gekoppeld is aan genot; ze ligt dichter bij 'rust', 'aanvaarding' of 'tevredenheid'. Dus wanneer je jezelf of anderen geluk toewenst, zorg dan dat je een realistisch idee hebt over wat mogelijk is.

Zoals uit de tweede regel blijkt, wordt ons opgedragen om iedereen te betrekken bij de meditatieve herhaling van onze 'rust'-wensen. Traditioneel wordt dit systematisch aangepakt: we beschouwen verschillende groepen mensen die we in onze meditatie liefdevolle vriendelijkheid toezenden. Vaak beginnen we bij onszelf en zenden daarna liefde naar mensen die vriendelijk of weldoend voor ons zijn geweest. Vervolgens breiden we onze liefde verder uit naar mensen waar we neutraal tegenover staan en familieleden en vrienden waar we gemengde gevoelens over hebben. Daarna betrekken we er ook de moeilijke mensen in ons leven bij en zelfs onze vijanden. We breiden ten slotte de reikwijdte van onze liefdevolle vriendelijkheid uit naar alle wezens, overal, naar al die ontelbare wezens die we niet kennen of waar we geen contact mee hebben.

Heel vaak komt deze vraag naar boven: 'Naar wie of wat zijn onze wensen gericht? Is dit een soort boeddhistisch *gebed?*' Het antwoord is 'ja', misschien *is* dit inderdaad de boeddhistische versie van een gebed. Maar in plaats van een externe bron of spirituele kracht te vragen om geluk en vrede, trainen wij de hart/geest. Het herhalen van de liefdevolle vriendelijkheid-zinnen legt de aange-boren liefde en vriendelijkheid van het hart stukje bij beetje bloot. Door deze trainingsmethode reageert de hart/geest met liefde. En vanuit het inzicht dat alle wezens uiteindelijk hetzelfde zijn, spreiden we die liefde uit, naar buiten toe, en wensen we geluk voor iedereen. Het resultaat van een langdurige meditatiepraktijk van liefdevolle vriendelijkheid is het ervaren van vriendelijkheid voor alle wezens. Naarmate we ons vermogen tot zorgzaamheid en liefde vergroten zonder overweldigd te worden door de onme-telijkheid van de wereld, zal ons hart zich openen voor de vreugde en het leed van alle mensen.

> *Welke levende wezens er ook mogen zijn;*
> *Zwak of sterk, niet één uitgezonderd,*
> *Of ze nu reusachtig of machtig zijn, middelmatig, klein of nietig,*
> *Zichtbaar of onzichtbaar,*
> *Of ze dichtbij leven of ver weg,*
> *Zij die geboren zijn of nog geboren moeten worden,*
> *Mogen alle wezens rust vinden*

De sleutelpassages zijn hier 'geen enkel uitgezonderd' en 'mogen alle wezens rust vinden'. De Boeddha zegt ondubbelzinnig dat we een eind moeten maken aan onze kleingeestigheid over wie we al dan niet moeten liefhebben. Ik wil er eerst op wijzen dat jij zelf ook deel uitmaakt van die 'alle'! We krijgen maar al te vaak een boeddhistisch beeld voorgeschoteld waarbij liefdevolle vriendelijkheid of mededogen 'op anderen' gericht is. De Boeddha spreekt niettemin over '*alle* levende wezens' en jij bent jouw liefde net zo waardig als wie dan ook.

De Boeddha herinnert ons eraan dat met *alle* zowel de zwakken als de sterken bedoeld worden. Een van de meest voor de hand liggende betekenissen van 'zwak of sterk' komt tot uiting in de groep onderdrukkers en onderdrukten van deze wereld. Dit is een ongelooflijk moeilijke opdracht: ons wordt gevraagd om diep genoeg door te dringen in de harten van de onderdrukkers – inclusief homofoben, racisten, vijanden van het milieu en oorlogsstokers – dat we hen met een verlangen voor hun rust en welzijn kunnen benaderen. Dat gaat in tegen onze gewoonlijke neiging om onwetendheid en onderdrukking te behandelen met aversie en haat. We moeten dan een beroep doen op vergiffenis om toch vooruitgang te boeken met de beoefening van metta. Zoals al is behandeld in een eerder hoofdstuk: vergiffenis is het proces waarbij we pijn met mededogen tegemoet treden. Vergiffenis en genade beëindigen veel van het leed in ons leven áls we geleerd hebben om ze aan anderen te schenken. Nou, hier wordt ons gevraagd open te staan voor het zenden van deze vriendelijk wensen naar iedereen, ook zij die het moeilijkst zijn om lief te hebben.

Reusachtig, machtig, middelmatig, klein of nietig, ja ja, we snappen het nu wel: iedereen! Bij reusachtig denk ik aan walvissen, olifanten en alle andere ongelooflijk grote wezens. De machtigen kunnen roofdieren zijn, zoals haaien, leeuwen maar ook oorlogsstokers. De middelmatigen zouden de gemiddelde mensen kunnen zijn en de kleinen katten, honden, vogels enzovoort. En de nietigen zouden de insecten en andere schepsels kunnen zijn, tot en met de microben. Dit is natuurlijk geen volledige lijst van levende wezens, alleen een zeer vluchtig overzicht. Uit deze omschrijvingen – reusachtig, machtig enzovoort – blijkt echter dat de Boeddha het over alle mensen heeft, alle zoogdieren, alle vissen en zeedieren, alle vogels, alle insecten, alle, alle, *alle*...

Maar wacht, er is méér! Er zijn niet alleen de levende wezens die we met ons menselijk oog kunnen waarnemen. Vergeet 'zichtbaar en onzichtbaar' niet. Hierbij wordt ons opgedragen om onze geest open te stellen voor het mogelijke bestaan van levende wezens in werelden die wij met ons gewone menselijke bewustzijn niet kunnen kennen. Hiertoe behoren de regenwormen (die we niet kunnen zien zonder te graven) maar ook spoken, geesten, halfgoden en de goden zelf. (Even terzijde: áls er al goden bestaan – of één god – dan hebben ze duidelijk grote behoefte aan een beetje vriendelijkheid en liefde. Misschien zorgt een flinke portie metta er dan voor dat de god van de theïstische religies zich niet zo boosaardig, destructief, veroordelend en jaloers gedraagt.)

We worden er ook aan herinnerd dat we metta moeten verspreiden in de richting van degenen die 'dichtbij leven of ver weg' zijn. Het is heel belangrijk om ook wie 'buiten beeld' is, of uit onze gedachten, erbij te halen. Sommigen vinden het makkelijker om vriendelijkheid te voelen voor hen die dichtbij leven: omdat we hen zien en met hen omgaan is het eenvoudiger te begrijpen waar hun leed en verdriet zit. Zo kunnen we hun misschien makkelijker vergeven. De bekenden die ons nabij zijn, kunnen anderzijds ook een grote uitdaging vormen. Zeker wanneer hun leed en verwarring ons direct geraakt hebben. Zo bezien kunnen we hun die op een afstand zijn misschien makkelijker vergeven en dus makkelijker liefhebben. Hoewel, het kan ook heel moeilijk zijn om vriendelijkheid op te wekken voor onbekenden. Maar naarmate we dit vaker doen, zullen we ook vaker een gevoel van vriendelijkheid hebben voor *elke* nieuwe persoon die we ontmoeten. Het wordt een gevoel als 'We hebben elkaar nog nooit gezien, maar ik heb jou al eerder welzijn toegewenst. Het is dus fijn om je eindelijk te ontmoeten'.

'Zij die geboren zijn of nog geboren moeten worden', nogmaals, de Boeddha houdt hier echt alle honken bezet. Laten we ook de miljoenen wezens niet vergeten die *vandaag* ter wereld zullen komen.

Laat de een de ander niet bedriegen

Dit is een duidelijke verwijzing naar de noodzaak voor eerlijkheid. Zonder de ethische grenzen van integriteit en eerlijkheid zullen we zeker nooit in staat zijn om de rust en het welzijn van liefdevolle vriendelijkheid te ervaren. Oneerlijkheid brengt angst met zich mee en door angst ontstaan ongemak en onrust. Eén van de manieren waarop metta wordt beschreven, is 'een open hart hebben: een wijs en mededogend hart, een hart van liefde en vriendelijkheid'. Het is wel mogelijk om te liegen met een open hart, maar die onoprechtheid sluit het hart steeds meer: we leggen een deel van ons hart stil wanneer we elkaar en onszelf misleiden.

Op het boeddhistische pad hoeven we niet altijd perfect te zijn. We hoeven niet eens voortdurend vriendelijk te zijn. Maar we moeten wél eerlijk zijn. Zonder eerlijkheid zitten we volkomen vast. Zoals zoveel in het leven is eerlijk worden een proces. Ik deed er zelf een aantal jaren over voordat ik leerde om tegen anderen altijd de waarheid te spreken. En ik worstel nog steeds met incidenteel zelfbedrog. Mijn leven-vóór-de-dharma was zo volgepropt met onoprechtheid dat ik soms de waarheid niet meer van mijn listen kon onderscheiden; bijvoorbeeld wanneer ik loog ik over punkconcerten die ik zou hebben bijgewoond in San Francisco's legendarische Mabuhay Gardens. En dat terwijl 'the Mab' in de jaren tachtiger, voordat ik oud genoeg was om daar naar binnen te mogen, al opgedoekt was. Maar ik had wat flyers verzameld en ik had een paar video's bekeken van bands die daar optraden. Mijn leugens over mijn concertbezoek – gestaafd door deze 'bewijzen' – waren zo overtuigend dat ik ze soms *zelf* geloofde. Eerlijkheid moet voor ons een praktijk zijn en een prioriteit vormen. Toen ik in staat was om voortdurend de waarheid te spreken, begon ik me pas echt goed in mijn vel te voelen. Ik was eerlijk, zelfs wanneer het mijn imago schaadde, en samen met die nederigheid kwam de vrijheid omdat ik niets meer te verbergen had.

Of enig wezen verachten, in welke gemoedstoestand dan ook

Nergens in de originele lessen van de Boeddha is een plek te vinden waar hij uitdrukkelijk zegt dat we moeten vergeven. Deze zin komt er echter het dichtst bij en is één van zijn meest heldere verwoordingen van de behoefte aan vergiffenis. Om geen enkel wezen te verachten in welke gemoedstoestand dan ook, zullen we ook behoorlijk wat vergiffenis moeten schenken. Onze hart/geest is geprogrammeerd om te verachten. Zoals eerder al is opgemerkt, zijn we geboren met – verankerd in elke vezel van ons wezen – de haat voor pijn. Wanneer we opgroeien en onze geest rijpt, verwordt de haat voor pijn tot haat en wrok voor alle mensen, plekken en dingen die in het verleden voor ons bronnen van leed waren. Verachting is een ingebakken onderdeel van de ongeoefende geest en je kiest niet zomaar voor het beëindigen ervan: 'Hm, oké, ik zal vanaf nu niemand meer iets verwijten.' Zo werkt het dus niet. Gevoelens van wrok zijn de gewoontereacties van het zelfbeschermende overlevingsinstinct van onze soort. Ik meen dat de Boeddha onder meer hiernaar verwees toen hij zei dat het pad 'tegen de stroom in' gaat (het onderwerp van mijn vorige boek, dat die kreet als titel draagt). De stroom sleurt ons in de richting van het verachten van tal van wezens in tal van toestanden. Misschien verkrijgt men bij de *verlichting* een natuurlijk en helder vermogen om alle pijn uit het verleden los te laten, maar wij die nog steeds te kampen hebben met wrok, wij zullen toch welbewust langs het pad moeten voortploeteren en vergeving moeten beoefenen.

Dit pad dat ons vriendelijk maakt, dat ons hart en onze geest opent, wordt steeds radicaler. Eerst werden we verondersteld om te wensen dat onze vijanden de rust vonden; nu lijkt het er ineens op dat we zelfs geen vijanden mogen *hebben*. Shit, wie zal ik zijn zonder vijanden? En wat gaat er gebeuren met hen die haatgevoelens voor mij voelen? Wie zullen zij zijn wanneer ik hen van een vijand beroof?

Laat niemand, door boosheid of vijandigheid,
Een ander leed toewensen

Mensen leed toewensen is duidelijk niet in overeenstemming met de wens voor alle wezens om rust te vinden. Gelukkig zegt deze opdracht niet dat boosheid of vijandigheid niet zullen opkomen maar wel dat we aan de basis in staat zijn om niet te handelen of zelfs te wensen met die negatieve emoties als uitgangspunt. Maar het ultieme doel van deze opdracht is dat onze liefde en vriendelijkheid voldoende worden verdiept zodat we geen enkel levend wezen meer willen kwetsen. Een verheven ambitie, zoveel is zeker.

Wanneer we gekwetst of alleen maar beledigd worden, dan is het een instinctieve reactie om op onze beurt leed te berokkenen. 'Jij kwetst mij, ik kwets jou' of 'Jij hebt iemand gekwetst van wie ik hou; ik wens jou leed toe', 'Jij kwetst mensen die ik niet eens ken; en *toch* haat ik je'. Vrijheid van deze spiraal van oordelen, vijandigheid en wens tot schaden is een radicale koerswijziging ten opzichte van de manier waarop de meerderheid – zelfs spirituele en religieuze mensen – geneigd is te handelen. We hebben daarbij wel het wijze inzicht nodig dat *alle* wezens lijden, dat *alle* onderdrukking en leed voortkomen uit onwetendheid. De persoon die wij leed toewensen, lijdt vrijwel altijd al heel erg zwaar. Dit gegeven – onze reactieve drang om te kwetsen, het resultaat van een genadeloze onwetendheid in ons – zorgt ervoor dat we ons gedragen als de pestkop op het schoolplein die het op een ernstig gehandicapt kind gemunt heeft. De mensen die je wilt kwetsen zijn al behoorlijk invalide. Misschien zie je hun handicaps niet, maar dat komt waarschijnlijk omdat je niet goed hebt opgelet. Niemand verdrukt, onderdrukt of kwetst een ander weloverwogen vanuit wijsheid; elke manier waarop we leed veroorzaken, vindt zijn oorsprong in onwetendheid. Daarom, wanneer we onwetendheid aanspreken met wensen van leed voor de onwetenden, storten we ons ook in de spiraal van onwetendheid. Liefde zou ons echter opdragen om onwetendheid met waarlijk mededogen en begrip te behandelen. Zoals de Boeddha zei: 'Haat zal nooit door haat beëindigd worden; alleen door liefde stopt de haat.'

> *Zoals een moeder haar kind,*
> *Haar enig kind zou beschermen,*
> *Zo dient men met een onbegrensd hart*
> *Alle levende wezens te koesteren*

Uit dit heel treffende beeld blijkt de totale inzet die is vereist op het pad van liefdevolle vriendelijkheid. Als ouder ben ik me volledig bewust van de gevolgen van deze instructie. Ik ben er altijd op gespitst om mijn dochter voor kwaad te beschermen. Het is zo makkelijk en zo natuurlijk om diepe zorgzaamheid voor onze eigen kinderen te voelen. Maar ons hart zo wijd openen dat we alle levende wezens op dezelfde wijze koesteren en beschermen, dat klinkt vrijwel onmogelijk. Op dit moment in mijn leven beschouw ik deze instructie op dezelfde manier als waarop ik naar de zenboeddhistische bodhisattva-gelofte kijk. Die klinkt gedeeltelijk ongeveer als: 'Lijden is eindeloos; Ik beloof het volledig te beëindigen. Wezens zijn ontelbaar; ik beloof hen allemaal te redden.' Hoe we het ook verwoorden, het is een heel nobele en totaal onmogelijke opdracht. Ik denk niet dat ik alle levende wezens echt koester en bescherm zoals een goede moeder haar enig kind liefheeft, koestert en beschermt, maar ik ben wel bereid om eenzelfde liefdevolle relatie met alle levende wezens na te streven.

In de metta sutta zijn de zinnen die wijzen naar perfectie een weergave van nobele doelen. En het transformerend effect dat de herhaling van die doelen op ons hart heeft is misschien wel net zo belangrijk als de doelen zelf. Ik kan niet zeggen hoe vaak het is voorgekomen dat ik, wanneer die gelofte-zinnen naar boven kwamen terwijl ik gewoon op straat liep, een totale verandering in mijn relatie tot alle voorbijgangers meemaakte. Als we eraan denken om naar anderen te kijken als door de ogen van een liefhebbende moeder, dan glimlachen we makkelijker, dan zijn we makkelijker vrijgevig en vergeven we sneller.

Hierin kan de oorsprong liggen van de Tibetaans boeddhistische praktijk waarbij we iedereen beschouwen alsof hij of zij in een vorig leven onze moeder is geweest. De Tibetanen volgen leerstellingen die zeggen dat wij allemaal onophoudelijk reïncarneren en dat we dit al zo lang doen dat wij met iedereen die wij ontmoeten al in een eerder leven verbonden zijn geweest. En volgens die leer waren we niet zomaar verbonden, maar zijn we ook familie van elkaar geweest; we zijn elkaars ouder geweest en hebben elkaar ook feitelijk ooit gebaard. Wanneer je weer eens met iemand in conflict komt – de gast die net je parkeerplaats heeft gepikt, bijvoorbeeld, of die je de weg afsneed – bedenk dan dat die persoon op dit moment, in dit leven misschien wel egoïstisch en onattent is, maar dat hij of zij in een eerder leven ongelooflijk vrijgevig was, jou borstvoeding gaf en onvoorwaardelijk van jou hield. Met dit in gedachte is het misschien makkelijker om te zeggen: 'Toe maar mams, neem jij die plek maar.'

Of die zienswijze nu letterlijk waar is of niet, ze is in elk geval ongelooflijk handig om ons hart en geest te oefenen om op grootse en vrijgevige wijze lief te hebben. En daarbij is het een prachtige praktijk om van elk wezen te houden alsof het ons eigen kind is, zoals de Boeddha voorstelde in de instructie hierboven. Snap je?

En vriendelijkheid te ontplooien over de hele wereld,
Zich naar boven uitstrekkend, naar de ruimte,
En naar beneden, naar de diepten;
Open en onbevangen

Liefdevolle vriendelijkheid is het ervaren van een vriendelijke en liefdevolle relatie met onszelf en met alle anderen. Misschien staat het richten van liefdevolle vriendelijkheid naar onszelf gewoon gelijk aan het aannemen van een vriendelijke houding in geest en lichaam. We hebben meestal de neiging om over onszelf te oordelen en we zijn daar ook behoorlijk kritisch en hard in; we identificeren ons met de negatieve gedachten en gevoelens die in onze geest opkomen. Het is niet onze gewoonte om liefdevol en vriendelijk te zijn en daarom is het een behoorlijke klus om de hart/geest te oefenen in vriendelijkheid. Mindfulness brengt de negatieve gewoonten van de geest onder de aandacht. De meditatie op liefdevolle vriendelijkheid is een manier om nieuwe en positievere gewoontes te kweken. Vanaf het ogenblik dat we – begrijpend hoe moeilijk we het onszelf maken – mededogend reageren, zullen we inzien dat wijzelf uiteindelijk niets liever willen dan vrij te zijn van de oorzaken van leed en verwarring. Naarmate we meer inzicht krijgen in de onpersoonlijke kenmerken van de denkende geest en het voelende lichaam, wordt ons duidelijk dat *alle* levende wezens diezelfde vrijheid willen: een bevrijd hart dat we 'geluk' zouden kunnen noemen.

Het uitstralen van liefdevolle vriendelijkheid over de hele wereld is het antwoord van de hart/geest die deze vrijheid en dat geluk wenst, voor onszelf en voor alle anderen. Het proces start met een simpele methode waarmee we onze intenties vastleggen: wensen dat wij gelukkig mogen zijn, tot rust komen en vrij mogen zijn van lijden. Aanvankelijk hoeven we dit niet eens echt te menen;

het is al goed genoeg wanneer we het uitspreken zoals we het op dat moment voelen. Het kan maanden, zelfs jaren duren voordat we in staat zijn om oprecht contact te krijgen met een gevoel van liefdevolle vriendelijkheid voor alle levende wezens. Zeker omdat we, zoals ik al zei, ook nog een behoorlijke dosis vergiffenis moeten schenken, voordat we er ook de vervelende mensen bij kunnen betrekken. Het kost ook tijd om echt in te zien dat wij allemaal hetzelfde zijn, en dat het leven het ons allemaal lastig maakt. We kunnen steeds makkelijker van anderen houden en hun vergeven wanneer we beginnen met onszelf werkelijk lief te hebben en onszelf werkelijk te vergeven. Het wordt makkelijker om liefde uit te stralen naar vreemden over de hele wereld naarmate wij inzien dat alle wezens vriendelijkheid waard zijn, dat alle wezens liefde verdienen.

Vrij van haat en vijandigheid

Deze zin zegt dat, op dit punt aangekomen, liefde en vriende-lijkheid zo compleet allesomvattend zijn geworden dat je bevrijd bent van haat en vijandigheid. Het beste waar we in mijn ogen op kunnen hopen, is dat we verlost worden van het *identificeren met* die gevoelens, of misschien het bevrijd zijn van het *handelen uit* woede of vijandigheid. Dat wij ooit het punt zullen bereiken waarop boosheid nooit meer opkomt, klinkt wat mij betreft niet realistisch. Het lijkt duidelijk dat woede een ingebakken oeraspect van onze hart/geest is. Dat we steeds beter worden in het met mededogen en genade benaderen van pijn, lijkt me wel redelijk. Ook lijkt het mij zinnig dat we anderen niet meer willen kwetsen. Maar dat die gevoelens van woede en haat ooit volkomen uit onze geest en ons hart gewist zullen worden, daar trap ik niet in.

Zoals ik al zei in eerdere hoofdstukken: de Boeddha omschreef zijn eigen haat en vijandigheid als zijn tegenstander Mara. En zelfs na de Boeddha's *verlichting* bleef Mara voortdurend in zijn hart/ geest aanwezig. Maar telkens wanneer Mara tevoorschijn kwam, benaderde de Boeddha zijn tegenstander met wijs en mededo-gend gewaarzijn terwijl hij zei: 'Ik zie je, Mara.' Dit betekent in mijn ogen het volgende: wanneer er in de Boeddha vijandigheid opkwam, stond hij in wijze relatie tot die vijandigheid: hij richtte er zijn aandacht op. 'Ik zie je, vijandigheid; ik zie je, haat', en in het zien ligt de vrijheid. Wanneer we goed weten om te gaan met onze moeilijke emoties – wanneer we ze helder zien en ze daardoor met wijsheid beantwoorden – dan zijn we bevrijd van het lijden dat ze gewoonlijk veroorzaken.

Of men nu staat, loopt, zit of ligt

Hoewel het formeel beoefenen van metta meestal gebeurt in de vorm van een stille zitmeditatie, wordt uit deze zin duidelijk dat we dit in alle houdingen en activiteiten kunnen en zouden moeten toepassen. Zoals we al eerder zagen, is metta geen ongewone of tijdelijke ervaring die alleen tijdens intensieve meditatie moet worden opgewekt. Integendeel, metta is een geestestoestand en een respons van het hart. En zoals blijkt uit deze uitleg van de metta sutta is metta niet maar één ding, maar bestaat ze uit veel, heel veel verschillende aan elkaar verwante beoefeningen. Metta omvat nederigheid, integriteit, vergiffenis, vriendelijkheid, vrijgevigheid, liefde, aanvaarding, onbaatzuchtigheid en eerlijkheid. Metta is een intentie van allesomvattende vriendelijkheid; het is de bedoeling dat we haar ontwikkelen en beoefenen en dat we vanuit metta leven. En dan is het natuurlijk logisch dat metta niet afhankelijk is van houdingen of handelingen, maar dat we deze wijze intenties door al onze handelingen heen vlechten. Als we op straat lopen is het devies: liefdevolle vriendelijkheid uitstralen naar alle wezens die we passeren. In de trein of in de bus betrekken we iedereen bij onze vriendelijke wensen. Het maakt niet uit waar we zijn of wat we doen, metta is altijd een goed idee.

Ik zeg dat nu wel, maar toch moedig ik ook een regelmatige en gedisciplineerde zitpraktijk van metta-meditatie aan (zoals ik aan het eind van dit hoofdstuk schets). Er gaat een krachtige werking uit van het gefocust stilzitten, zonder afleidingen van buitenaf, zodat de geest zich kan richten op het rustig herhalen van de metta-zinnen. Ik moedig dus zowel de formele als de informele aanpak aan. Zet je dagelijkse meditatiebeoefening op, maar probeer die betekenisvolle zinnen ook tijdens je dagelijkse bezigheden te herhalen; overdenk daarbij ook de goede eigenschappen van integriteit, vergiffenis, vriendelijkheid, gulheid, liefde, aanvaarding, onbaatzuchtigheid en eerlijkheid.

Men moet vrij van sufheid
Zijn aandacht hierop blijven richten

Volgens de Boeddha is sufheid één van de dingen die vooruitgang op het pad belemmert. Wanneer we ons suf voelen (of sloom of wazig, geef het maar een naam) dan zijn we niet volledig aandachtig en aanwezig. Dat maakt het lastig om welbewust te handelen. De Boeddha zegt natuurlijk niet dat we nooit slaperig mogen zijn, maar wel dat het belangrijk is om alert en doelbewust te zijn. Willen we die doelbewuste manier van leven, denken en handelen kunnen volhouden, dan is het belangrijk dat we voldoende slapen, gezond eten, veel water drinken en voldoende bewegen. Al deze factoren beïnvloeden de staat van de geest. Kortom, om alert te zijn en volledig aanwezig in ons lichaam, is het noodzakelijk om een gezond regime te volgen.

Dit noemt men het verheven verwijlen

'Het verheven verwijlen' is hetzelfde als 'de gelukkigste plek om te zijn' of 'een verlichte manier van zijn'. En dat klopt ook helemaal: als we in staat zijn om een leven te leiden dat nederig is, eerlijk, volledig vrij van wrok en stralend van vriendelijkheid met de oprechte wens dat alle wezens rust mogen vinden, gelukkig mogen zijn en vrij zijn van lijden, dan zullen we zelf natuurlijk ook gelukkig leven. We worden er hier ook aan herinnerd dat de training van hart, geest en lichaam om naar metta te leven geen complete wereld van geluk schept. Onze wensen beëindigen niet zomaar magisch het lijden *van anderen*; bij metta gaat het over onze *persoonlijke* verandering. Door een gedegen training in metta – door te doen wat 'hij die vaardig is in goedheid, en die het pad van vrede kent' moet doen – bereiken we het verheven verwijlen, een te gekke plek om rond te hangen. Het resultaat van metta is een innerlijk gevoel van rust en welzijn. En natuurlijk heeft ons ontwaken, onze transformatie, een heel *erg* positief effect op de wereld. Het feit dat er hierdoor weer één persoon minder is die handelt uit onwetendheid en haat, is een groot geschenk voor alle wezens. Leven als iemand die oprecht welzijn en rust wenst voor iedereen die je ontmoet, is heel dienstbaar en ongelooflijk inspirerend.

Dus ja, metta *brengt wel* een positieve verandering in de wereld teweeg, maar die verandering ontstaat alleen door onze persoonlijke, innerlijke transformatie.

Zich niet vastklampend aan opinies

'Zich niet vastklampend aan opinies' heeft hier verschillende betekenissen. Het is een rechtstreekse opdracht: 'Raak niet gehecht aan welk perspectief dan ook, zelfs niet aan metta', samen met 'Laat je oude opvattingen en gedachten over wat geluk is los'. Het is ook de basis voor al die beoefeningen van vergeving die ons eerder gevraagd werden. Want als we vasthouden aan onze vaste meningen over mensen, dan zullen we nooit in staat zijn om te vergeven. Vergiffenis is in feite een verandering in de manier waarop we de mensen zien. Het is afstappen van de gewoonte om mensen vast te pinnen op hun daden uit het verleden, hen te bevrijden van die identiteit en hen weer te gaan zien als een zich ontvouwend proces. Dit opent de mogelijkheid tot loslaten; niet alleen het loslaten van onze vroegere, vaste visies, maar ook van onze haatgevoelens. Zo kunnen we genade schenken en anderen met vriendelijkheid behandelen.

Met 'zich niet vastklampend aan opinies' moedigt de Boeddha ons ook aan om nederig te zijn en ruimdenkend. Hij zei ooit dat spiritueel ingestelde mensen volgens hem het meest lijden door zich vast te klampen aan hun visie. Met andere woorden, dat vastklampen aan vaste zienswijzen is voor velen een gevaarlijke val. En hier horen we weer een andere echo van de wijsheid van niet-hechten.

Zal de zuivere van hart

De kern van de metta-praktijk ligt volgens mij in een proces waarbij het hart wordt gezuiverd. Wanneer we met de boeddhistische beoefening beginnen, is ons hart nog vervuild door haat, woede, angst, oordelen, eisen, lusten en onwetendheid. Langzaam transformeert de metta-praktijk ons hart: de onzuiverheden worden naar boven gewoeld en alle troep komt aan de oppervlakte, waar het kan helen. Metta heelt de hart/geest: door de geest te transformeren schenkt ze ons een 'zuiver hart'. We worden de 'zuivere van hart' waar de Boeddha over spreekt.

Deze frase herinnert ons eraan dat metta altijd al een kenmerk in ons hart was. Het is echter zo versluierd door onze instinctieve en geconditioneerde onwetendheid dat we er geen contact meer mee hebben. Nu keren we weer terug naar een verloren gegaan aspect van onszelf; nu genezen we ons hart, ons ware hart, onze zuivere hartelijkheid.

In het bezit van een helder inzicht

Net zoals de zin over 'de zuivere van hart' is deze zin over 'helder inzicht hebben' gekoppeld aan het resultaat van een welbewuste en langdurige metta-beoefening. Wanneer we met metta beginnen, zijn we blind voor de verwarring, haatgevoelens, angsten en kleingeestigheid die al zo lang een deel van ons zijn. Maar na maanden en jaren nederigheid te beoefenen, het hart te trainen om met vergeving te reageren en geluk, rust en vrijheid te wensen voor alle levende wezens, beginnen we een steeds klaardere kijk op de werkelijkheid te krijgen. Mocht jij nog niet op dit punt aangekomen zijn, voel je dan niet ontmoedigd. Ergens in het proces kan het ineens lijken alsof je wakker wordt uit een nachtmerrie. Of, wanneer het vrije hart en de heldere visie in je geest en lichaam opkomen, kan het voelen alsof je eindelijk de juiste bril op hebt; eindelijk zijn je de juiste lenzen voorgeschreven. Maar misschien voelt het wel net alsof je een bril op had die je helemaal niet nodig had, zodat je blik al die jaren onnodig werd vertroebeld. Metta geeft ons de mogelijkheid om onze oude kijk op de dingen los te laten en een frisse, heldere blik op de wereld te werpen.

En bevrijd van alle zintuiglijke verlangens

Deze zin zou ik ook moeten herschrijven, net als de eerste zin in de metta sutta. Volgens mij moeten we dit lezen als 'Bevrijd van het *hechten aan de vervulling* van alle zintuiglijke verlangens' of 'Bevrijd zijn van *al het hunkeren naar* zintuiglijke verlangens'. Ik heb nooit geloofd dat we ooit helemaal vrij kunnen zijn van de zintuiglijke verlangens zelf. Dat is gewoon niet mogelijk. Als we ons leven leiden in een menselijk lichaam, dan zullen we zintuiglijke verlangens moeten ervaren. Ik vermoed dat de verwoording van deze zin slechts een verkeerde vertaling is van de leer van de Boeddha. Immers, in de tweede edele waarheid (in de Appendix genoteerd samen met haar collega waarheden) maakt de Boeddha een duidelijk onderscheid tussen 'hunkeren' en 'verlangen'. Verlangen is natuurlijk en gezond, zegt hij, en het is ook een noodzakelijk aspect van de menselijke ervaring. De oorzaak van lijden is dus duidelijk niet het verlangen zelf, maar een extreme uiting van verlangen die *we hunkeren, vastklampen en/of hechten* noemen.

Ik moedig je dus aan om niet meer te proberen vrij te zijn van verlangen. Richt je in plaats daarvan op de bevrijding van het vastklampen. Ik ben er zeker van dat je zo veel meer vooruitgang boekt.

Niet meer in deze wereld geboren worden

Deze laatste woorden in de metta sutta kun je op verschillende manieren bekijken. Je kunt ze zeker letterlijk opvatten: het ultieme doel van de Boeddha's pad is bevrijd worden uit de cyclus van wedergeboorte en het pad van metta zal zo'n bevrijding als toppunt hebben. Dat is zeker een nobel streven. Als deze interpretatie jou inspireert tot het beoefenen om wedergeboorte te beëindigen, om niet langer in deze wereld geboren te worden, dan kun je deze woorden zomaar op het oog aannemen.

Je kunt die zin ook op een andere manier begrijpen wanneer je 'deze wereld' ziet als 'deze wereld van lijden'. 'Geboorte' verwijst dan naar de manier waarop wij vaak 'geboren worden' door ons te identificeren met de ervaringen van geest en hart alsof dat is wie we zijn. Als we de geest beschouwen als onze identiteit, dan worden we geboren *als de inhoud van de geest* – hier hadden we het al eerder over. Echter, door de geest te leren zien als een geconditioneerd en vaak verward aspect van onze ervaring, hoeven we *niet* meer elk moment steeds weer geboren te worden in het lijden. Zo kan deze zin betekenen dat we niet meer van moment in moment geboren worden in de wereld van onwetendheid en verwarring waardoor lijden zou ontstaan.

DE VOORDELEN VAN METTA DOORGRONDEN

Naar verluidt zei de Boeddha dat het beoefenen van metta elf specifieke voordelen heeft:

- Je zult makkelijker inslapen
- Je zult makkelijker wakker worden
- Je zult prettige dromen hebben
- Mensen zullen van je houden
- Dieren en de onzichtbare wezens zullen van je houden
- Onzichtbare wezens zullen je beschermen
- Gevaren van buitenaf (zoals vuur, vergif en wapens) zullen je niet deren
- Je gezicht zal stralen
- Je geest zal sereen zijn
- Je zult niet verward zijn
- Je zult in gelukzalige werelden herboren worden

Het is bij alle lessen van de Boeddha van het grootste belang dat we ze rechtstreeks kunnen ervaren. De dharma moet hout snijden, praktisch en toepasbaar zijn in ons leven. Wanneer het gaat over lessen zoals deze elf voordelen, dan heb ik zo het vermoeden dat een deel van deze opsomming wel eens een verzinsel zou kunnen zijn van latere idealisten die wilden dat boeddhisme mystiek en magisch zou zijn en niet het praktische pad dat de Boeddha feitelijk onderwees. Maar ik heb in mijn eigen rechtstreekse ervaringen ondervonden dat het merendeel van deze beloofde voordelen waar is. Ik zal hier met je delen wat ik aan deze voordelen het meest steekhoudend vind, maar uiteindelijk moet je op jezelf vertrouwen en zelf beslissen hoe je over zulke dingen denkt.

De eerste drie 'beloften' (beter inslapen, makkelijker wakker worden en prettig dromen) klinken mij inderdaad zinnig in de oren. Wanneer we ons gegriefde hart en gekwetste geest helen, wanneer we iedereen alles vergeven, dan zullen de bewuste en onbewuste geest veel makkelijker tot rust komen. We worden niet meer gekweld door onze kleingeestige verwijten en angsten die ons de slaap ontnemen; we lijden niet meer aan de rusteloosheid van de gillende geest en het verontruste hart. Slapen en waken worden weer natuurlijke lichaamsfuncties, zoals ze altijd bedoeld waren. Metta heelt en kalmeert de hart/geest. En doordat we geest en hart hebben genezen en gezuiverd, zal ook de onbewuste, dromende geest helen en tot rust komen.

Ook de vierde en vijfde belofte (mensen, dieren en onzichtbare wezens zullen van je houden) vind ik zinnig. De transformatie die ontstaat doordat we een vriendelijk en liefdevol persoon zijn voor alle levende wezens, stelt mensen en dieren in staat om onze vriendelijkheid te registreren en zich dus veilig te voelen. En samen met die gevoelens van veiligheid en bescherming tegen kwaad verschijnen ook de gevoelens van liefde. Het komt hierop neer: werkelijk vriendelijke en oprecht liefhebbende mensen zijn makkelijk om van te houden. Zo denk ik ook over de Dalai Lama. We kennen hem dan misschien wel niet persoonlijk maar zijn vriendelijkheid en mededogen komen toch over en dus houden we van hem. Het is makkelijk om van hem te houden, want hij straalt metta uit. Er wordt gezegd dat dieren angst kunnen ruiken; omdat metta een einde maakt aan neurotische angst, zou het logisch zijn dat dieren dan ook de afwezigheid van angst en de aanwezigheid van liefde en geborgenheid aanvoelen. Alle levende wezens willen zich geborgen voelen, willen vrij zijn van de angst voor pijn. Dieren houden van andere dieren die hen beschermen tegen kwaad. Metta maakt van ons de beschermers, de bondgenoten, de bewaarders van het dierenrijk.

Van voorgestelde voordelen nummer zes en zeven (beschermd

worden door onzichtbare wezens en tegen vuur, vergif en wapens)
snap ik niet zoveel. Ik heb geen enkele ervaring met onzichtbare
wezens die mij beschermen. Maar ja, hoe 'zou' ik dat ook weten
als ik ze niet kan zien wanneer ze hun magie in werking zetten?
Lessen als deze – lessen die iets te magisch zijn naar mijn smaak
– schuif ik meestal aan de kant, in de afdeling 'weet ik niet'.
Tja, om eerlijk te zijn, ben ik feitelijk geneigd om nooit geloof
te hechten aan dingen die ik niet direct kan ervaren. En over de
bewering dat metta ons zou beschermen tegen extern kwaad sta
ik nog sceptischer dan tegenover de 'engelen'. Ik vermoed dat
dit zo'n verzinsel is; sterker nog, ik ben er zeker van. We weten
dat de Boeddha stierf door het eten van vergiftigd voedsel. Dát
vermoedelijke voordeel van metta kan dus onmogelijk waar zijn,
anders zou het hem beschermd hebben tegen de oorzaak van zijn
dood. De enige manier waarop ik de bewering 'beschermd zijn
tegen externe gevaren' een beetje steekhoudend kan maken, is
haar te zien als het vermogen om fysiek leed door vuur, vergif en
wapens te ervaren zónder in je hart te lijden onder de pijnlijke
effecten van het fysieke letsel. Momenteel is dat een niveau van
niet-hechten waarvan ik alleen maar kan dromen.

De achtste belofte (een stralend aangezicht) lijkt me nogal
duidelijk: vrij zijn van haat en angst laat je gezicht stralen van de
vreugde die voortkomt uit een leven gebaseerd op vriendelijkheid
en liefde.

Het negende voordeel van metta zegt dat de Boeddha beloofde
dat 'je geest sereen zal zijn'. Dat klopt wel wanneer je sereniteit
ziet als de rust waarmee je alles wat in de geest opkomt met gelijkmoedigheid kunt behandelen. Maar ik maak me zorgen over
mensen die het onrealistische idee hebben dat sereniteit gelijkstaat
met de afwezigheid van moeilijke emoties of conflicten. Zoals in
het stukje in de metta soetra waar de Boeddha ons adviseert om
kalm en vredig te zijn, zo zie ik dit ook als een aanmoediging om
ons met kalmte en rust te verhouden tot onze ervaringen en die
van anderen. Wanneer we vaardig omgaan met onze ervaringen –
plezierig dan wel pijnlijk – dan ervaart onze hart/geest sereniteit,
zelfs wanneer we bijvoorbeeld ondergedompeld zijn in verdriet.

De tiende en elfde beloften gaan over de dood (niet-verward) en wedergeboorte (in een fijne wereld). De meeste mensen lijken in verwarring te sterven, met het gevoel alsof er iets niet klopt. Zelfs in de medische wereld wordt de dood vaak gezien als een falen. Maar door het inzicht dat voortkomt uit meditatie leren we de vergankelijkheid en de dood te aanvaarden als het simpele gevolg van geboorte. Veel mensen sterven terwijl ze zich nog steeds vastklampen aan oude verwijten, schuld en onvervulde verlangens. Metta, het pad van hartelijkheid, brengt ons zoveel integriteit dat we met een zuiver geweten kunnen sterven. De dood zal niet meer zo verwarrend zijn voor wie een leven heeft geleid dat vrij is van woede, haat en angst, en vol van de wijsheid en het mededogen dat hij of zij onderweg heeft ontdekt.

Ik weet niet zoveel over wedergeboorte. Ik weet niet zeker of de Boeddha het in deze context letterlijk bedoelde (feitelijke reincarnatie dus) of figuurlijk (het laten sterven van het oude zelf waarna we in het volgende moment wedergeboren worden als een bescheiden, matig en liefdevol persoon). Voor mij is het al goed genoeg om de belofte van wedergeboorte in een fijne wereld als volgt te interpreteren: metta helpt ons om in dit leven meer geluk te ervaren; en 'als' er een volgend leven is, dan zal het werk dat we hier en nu doen ook daarom nuttig zijn.

INSTRUCTIES VOOR MEDITATIE OP LIEFDEVOLLE VRIENDELIJKHEID

Ga op een comfortabel plekje zitten en laat je aandacht tot rust komen in het lichamelijke 'gewaarzijn in het nu'. Laat elke spanning in je lichaam los door je buik zachter te maken; ontspan je ogen en je kin en laat je schouders natuurlijk – van je hoofd weg – naar beneden vallen.

Blijf zo even zitten in dit gewaarzijn in het nu. Beschouw vervolgens je diepste verlangen naar geluk en vrijheid van lijden. Laat je oprechte hartsverlangen naar waarheid en welzijn in je bewustzijn opkomen.

Erken je wens om vrij te zijn van leed, veilig, beschermd en om liefde en vriendelijkheid te ervaren. Laat die erkenning met elke ademhaling binnendringen in het centrum van je hart.

Richt lieve en *vriendelijke zinnen tot jezelf*, geleidelijk aan, met de intentie om de liefdevolle en vriendelijke respons naar boven te halen die soms diep in je hart begraven ligt. De zinnen kunnen zo eenvoudig zijn als:

'Moge ik gelukkig zijn.'

'Moge ik rust vinden.'

'Moge ik vrij zijn van lijden.'

Wanneer jij deze zinnen niks vindt, mediteer dan in jouw eigen woorden. Zoek naar een paar eenvoudige zinnen die een liefdevolle en vriendelijke intentie hebben en richt deze goede wensen geleidelijk tot jezelf.

Net zoals bij aandachtsmeditatie kan je aandacht tijdens het herhalen van deze frasen verleid worden om zich met andere dingen bezig te houden, om weerstand te bieden of om te oordelen over jouw vermogen tot het voelen van liefde. Wanneer je aandacht afdwaalt heb je milde en volhardende inspanning nodig om terug te keren naar de volgende zin:

'Moge ik gelukkig zijn.'

Voel je ademhaling en het antwoord van je lichaam op elke zin.

'Moge ik rust vinden.'

Merk bij elke zin op waar de geest naartoe drijft.

'Moge ik vrij zijn van lijden.'

Laat je geest en lichaam zich ontspannen in de weerklank van elke zin.

Herhaal deze zinnen steeds maar weer, als een soort mantra of een uiting van je positieve intenties. Maar verwacht niet dat je door deze methode onmiddellijk vriendelijkheid of liefde zult voelen. Soms is de weerstand van onze oordelende geest en ons gebrek aan vriendelijkheid het enige dat zichtbaar wordt. Erken gewoonweg wat er gebeurt en blijf de zinnen herhalen. Wees daarbij zo vriendelijk en genadevol voor jezelf als je kunt.

Wanneer je een aantal minuten lang deze liefdevolle en vriendelijke woorden tot jezelf gericht hebt, kun je je aandacht terugbrengen naar je ademhaling en je lichaam. Kom even tot rust in je zithouding.

Haal nu *iemand* voor je geest *van wie je weet dat het goed voor jou is dat je van zijn/haar bestaan afweet.* Iemand die jou heeft geïnspireerd of die jou met veel vriendelijkheid heeft behandeld. Bied deze begunstiger de liefdevolle en vriendelijke zinnen aan, terwijl je erkent dat – net zoals ook jij gelukkig en vredig wilt zijn – hij of zij het universele verlangen naar welzijn en liefde met jou deelt. Herhaal elke zin langzaam en hou daarbij die persoon als doel van jouw goede wensen voor ogen:

'Net zoals ik gelukkig wil zijn, vredig en vrij, moge jij ook gelukkig zijn.'

'Moge je rust vinden.'

'Moge je vrij zijn van lijden.'

Blijf deze zinnen vanuit je hart herhalen in de richting van je begunstiger. Ontwikkel zo het gevoel van vriendelijkheid en liefde voor anderen.

Wanneer de geest zich weer verliest in een verhaal, een herinnering of een fantasie, keer dan eenvoudigweg terug naar de beoefening.

Zend dan opnieuw zinnen van liefdevolle vriendelijkheid naar de begunstiger.

Wanneer je een aantal minuten lang deze liefdevolle en vriendelijke woorden tot jouw begunstiger hebt gericht, laat hem dan uit je gedachten gaan en breng je aandacht terug naar het directe ervaren van je ademhaling en je lichaam. Besteed extra aandacht aan je hart, aan je emotionele ervaring.

Richt vervolgens je aandacht op iemand die je niet zo goed kent, een *neutraal iemand* (iemand van wie je niet houdt maar die je ook niet haat; misschien iemand die je helemaal niet kent, iemand die je vandaag ergens zag, op straat of wachtend in een rij op de markt). Begin deze persoon jouw zinnen van liefdevolle vriendelijkheid aan te bieden, vanuit het inzicht dat het verlangen naar geluk en liefde universeel is:

'Moge je gelukkig zijn.'

'Moge je rust vinden.'

'Moge je vrij zijn van lijden.'

Wanneer je je een aantal minuten lang met liefdevolle vriendelijkheid woorden tot die neutrale persoon hebt gericht, breng dan je aandacht terug naar ademhaling en lichaam.

Breid vervolgens de beoefening uit en betrek er nu *familieleden en vrienden voor wie je misschien gemengde gevoelens,* zowel liefdevolle als oordelende, hebt:

'Mogen jullie gelukkig zijn.'

'Mogen jullie rust vinden.'

'Mogen jullie vrij zijn van lijden.'

Nadat je gedurende een paar minuten mededogen naar deze 'gemengde groep' hebt gezonden, kun je je aandacht weer terugbrengen naar je ademhaling en lichaam.

Breid dan de beoefening weer uit en richt je nu tot de *moeilijke mensen in je leven en in de wereld* (met *moeilijk* bedoel ik de mensen die je uit je hart hebt moeten bannen, mensen voor wie je wrok voelt). Zelfs al heb je het meest eenvoudige begrip van de menselijke natuur, dan nóg is het duidelijk dat alle wezens met liefde en vriendelijkheid behandeld willen worden; alle wezens – zelfs de vervelende, ruwe, gewelddadige, verwarde en onvriendelijke – willen gelukkig zijn. Met dit voor ogen en met de intentie om jezelf te bevrijden van haat, angst en wrok, richt je jouw meditatie van liefdevolle vriendelijkheid nu op iemand die de bron is van moeilijkheden in je geest of in je hart. Schenk deze persoon dezelfde zinnen en observeer zorgvuldig de respons van jouw hart/geest:

'Moge je gelukkig zijn.'

'Moge je rust vinden.'

'Moge je vrij zijn van lijden.'

Na een paar minuten beoefening in de richting van moeilijke mensen, kun je het veld van mededogen uitbreiden naar *iedereen in jouw nabije omgeving*. Begin met het zenden van liefdevolle en vriendelijke zinnen naar iedereen die bij jou in huis is op het moment van beoefenen. Breid daarna geleidelijk uit naar *iedereen in je dorp of stad*. Laat jouw positieve intentie om iedereen met liefde en vriendelijkheid te benaderen zich in alle richtingen uitspreiden. Stel je voor dat je 'de hele wereld' omspant met deze positieve gedachten. Zend liefdevolle vriendelijkheid naar noord en zuid, naar oost en west. Straal een open hart uit, en een onverschrokken geest naar alle levende wezens: de wezens boven je en onder je, de zichtbare en onzichtbare, zij die geboren worden en zij die stervende zijn. Herhaal de zinnen, met een grenzeloze en vriendelijke intentie:

'Mogen alle wezens leren om zorgzaam te zijn voor lijden en verwarring.'

'Mogen alle wezens pijn beantwoorden met genade en empathie.'

'Mogen alle wezens vervuld worden van mededogen.'

Nadat je gedurende een paar minuten liefdevolle vriendelijkheid naar alle wezens hebt gezonden, laat je de zinnen gewoon los en breng je je aandacht weer naar je ademhaling en lichaam. Bestudeer de sensaties en emoties die nu aanwezig zijn.

Dan, wanneer je er klaar voor bent, open je je ogen en keer je met je aandacht weer terug naar je omgeving

9

DOOD ZE ALLEMAAL
(MET VRIENDELIJKHEID)

respons-abiliteit naar omstandigheid, gebaseerd op
de vijand doden als daad van mededogen

Jack Kornfield vertelt wel eens het verhaal over de moeder wier enig kind, een tiener, omkwam in een bendeoorlog. De moeder van de vermoorde jongen bezocht de hoorzitting van het jonge bendelid dat haar zoon vermoord had. Met een ijzige en wraakzuchtige blik in haar ogen zei ze tegen hem: 'Ik ga jou afmaken.' De jonge gangster negeerde dit. Hij zou toch heel erg lang in de gevangenis zitten en hoe zou deze oude vrouw hem daar zelfs maar kunnen bereiken?

Toen het bendelid al een tijdje in de gevangenis zat, begon de moeder van de jongen die hij had vermoord, hem te bezoeken. Hoewel hij haar beweegredenen wantrouwde accepteerde hij deze bezoeken, want niemand van zijn eigen familie kwam hem opzoeken. Zij had het nooit over haar zoon en sprak op een toon die op vriendelijkheid leek. Zij uitte ook haar bezorgdheid over het welzijn van de gevangene en toonde belangstelling voor zijn leven. Maar de moeder deed ook veel concretere dingen. Zij vulde zijn kantinerekening aan en bracht boeken voor hem mee of krantenknipsels over onderwerpen waarvan zij dacht dat ze hem zouden interesseren. Ze kregen zo'n hechte band dat de jongen deze vriendelijke vrouw ging beschouwen als de moeder die hij nooit had gehad. Hij had veel spijt van het feit dat hij haar enig kind had gedood en hij dacht zijn schuld in te lossen door haar in staat te stellen hem als haar zoon te behandelen.

Na jaren, toen de jongen – inmiddels opgegroeid tot een man – in aanmerking kwam voor voorwaardelijke invrijheidstelling, getuigde de nu bejaarde vrouw in zijn voordeel. Volgens haar was hij gerehabiliteerd. Maar als voorwaarde voor zijn vrijlating stelde ze dat hij onder haar voogdij zou komen te staan en in haar huis zou moeten wonen. De man herinnerde zich haar eed om hem ooit te vermoorden. Hij begon zich af te vragen of zij al die tijd niet wraak had zitten beramen. Maar hij kon nergens anders heen en hij was echt van deze vrouw gaan houden. Hij vertrouwde haar meestal wel. Daarom stemde hij toe om onder haar voogdij vrijgelaten te worden. En dat gebeurde ook.

Toen hij al een tijdje uit de gevangenis was, vroeg het tot inkeer gekomen bendelid tijdens het avondeten aan de oude vrouw of zij nog steeds het plan had om hem te vermoorden.

'Dat heb ik al gedaan', antwoordde zij.

Van het begin af aan was het haar plan geweest om de moordenaar die hij was geworden te doden met vriendelijkheid en vergiffenis. Ze vertelde hem dat hij niet langer meer dat jongetje was dat haar zoon had vermoord; 'die' persoon was al lang geleden gestorven en hij was nu een eervol en betrouwbaar man. Ze zei dat hij haar huis mocht verlaten wanneer hij maar wilde, maar dat ze hoopte dat hij zou blijven. Samen huilden ze en daarna lachten ze samen, genietend van de waarheid van haar bekentenis. Hij bleef bij haar wonen en verzorgde de oude vrouw tot zij een paar jaar later overleed.

Het is onze taak als leden van de 1%-ers om alle oorzaken van lijden te vernietigen door middel van vriendelijkheid. De Boeddha onderwees liefdevolle vriendelijkheid voor het eerst aan een groepje monniken die in het bos gemediteerd hadden. De monniken waren heel bang geweest dat de bosgeesten hen daar niet wensten en zouden aanvallen. Waarschijnlijk waren ze alleen maar bang in het donker! Hun angst werd woede voor het bos en hun woede werd een algemeen gevoel van haat. En voor iemand die zich boos, onveilig en haatdragend voelt, wordt het natuurlijk steeds moeilijker om te mediteren. Dus wendden de monniken zich tot de Boeddha en ze vroegen hem hoe ze met die vermeende bedreiging moesten omgaan. Het advies van de Boeddha was de les die we net bestudeerden, de metta soetra. Hij ging er diep op in, gaf de instructies die je eerder las en drong er bij de monniken op aan om alle wezens geluk en rust toe te wensen. De monniken leerden hoe je een leven van vriendelijkheid leidt met het verlangen en de bereidheid om niet alleen geen leed meer te veroorzaken maar ook om elkaar en alle wezens te beschermen. Ze keerden terug naar dezelfde plek in het bos, maar nu met een nieuwe instelling en met een frisse blik, zo wordt gezegd. En terwijl ze de vriendelijke zinnen herhaalden en onafgebroken 'mogen alle wezens rust vinden' zeiden, voelde het bos steeds veiliger aan; de angst om aangevallen te worden viel weg en alle wezens in het bos leken gaandeweg vriendelijk te zijn. Vogels leken alleen voor hen lieve liedjes te zingen; de muggen leken hen met rust te laten en zelfs wanneer één van hen door een mug of ander insect werd gebeten, dan waren ze blij dat ze die levensvorm wat voedsel hadden kunnen aanbieden. Naarmate hun harten vriendelijker werden. voelde hun omgeving veiliger aan. Doordat ze de angst hadden gedood, konden ze in vrede meditatie beoefenen.

Er wordt wel eens gezegd dat zo'n ervaring van vriendelijkheid een remedie is tegen zowel angst als tegen tal van andere vormen van lijden. En ook is het logisch dat we, wanneer we leven vanuit een vriendelijk gevoel, de weerspiegeling van andermans vriendelijkheid als vanzelfsprekend ervaren.

Het lijkt erop dat mijn eigen levenservaring deze les grotendeels heeft bevestigd. In mijn jonge jaren zat ik vol woede; ik was bijna altijd onoprecht, ik berokkende veel mensen groot leed en ik wenste veel anderen leed toe. Eigenlijk leefde ik op een manier die volkomen haaks stond op dat wat in metta soetra wordt voorgesteld. Ik was niet bescheiden, niet integer en ik wilde niemand anders beschermen dan mijzelf. Door deze manier van leven kwam ik regelmatig in de gevangenis terecht en raakte ik verslaafd aan drugs. Belangrijker nog, deze levenswijze zorgde er ook voor dat ik voortdurend over mijn schouder moest kijken om te zien of niemand mij wilde aanvallen. Ik voelde me voortdurend volkomen onveilig. (Natuurlijk maakt crack je sowieso al paranoïde, maar de wortels van mijn angst lagen in de chaotische realiteit van het leven dat ik op dat moment leidde.) Omdat ik zoveel mensen had bestolen, was ik altijd bang om gesnapt te worden. Omdat ik een leven van drugs en misdaad leidde, was ik constant bang voor de politie. Ik was vaak betrokken bij knokpartijen en op straat was de dreiging van geweld uiterst reëel. Vriendelijk en liefhebbend zijn was mij totaal onbekend; eigenlijk had de wereld mij niet veel meer te bieden dan geweld en het 'lijden' van een leven in angst. In die tijd leefde ik in zo'n waanwereld dat ik mijzelf vaak als het slachtoffer zag. Dat was een heel handig perspectief: zo kon ik alle manieren waarop ik anderen kwetste rechtvaardigen door diegenen die mij hadden gekwetst of verraden verantwoordelijk te stellen voor mijn daden.

Nu zie ik natuurlijk in dat ik dat hele circus zelf had opgezet. Ik had dat leven van misdaad, drugs en geweld gecreëerd als domme reactie op de pijn in mijn kinderjaren. Toen ik tot het beoefenen van de dharma kwam en de beginselen van metta leerde, begon ik mijn leven langzaam opnieuw op te bouwen door mijn manier van denken en handelen te veranderen. Het was zeker niet een plotselinge transformatie. Er ontstond een geleidelijke verandering; een verandering die nu, na tweeëntwintig jaar beoefening, nog steeds doorgaat. Uiteindelijk begon ik van mezelf en van anderen te houden, leerde ik vriendelijk te zijn en ten slotte ontstond de oprechte wens dat alle wezens rust mogen vinden. Door dit alles werd de wereld voor mij een veiliger plek. Vroeger werd ik voortdurend en schijnbaar willekeurig aangevallen. Nu is het tweeëntwintig jaar geleden sinds iemand me heeft aangevallen, althans fysiek. Er zijn wel behoorlijk pijnlijke roddels over mij verspreid. Maar door de langdurige en welbewuste metta-training van mijn hart is het mij vaak gelukt om mij die wrede woorden niet persoonlijk aan te trekken. En ik ben makkelijker geneigd te vergeven. Mijn levenservaring weerspiegelt de les van de Boeddha die zegt dat liefdevolle vriendelijkheid de wereld tot een veilige plek maakt. Het klopt ook wel met het verhaal waar ik mee begon. De jonge drugsverslaafde die ik als kind was, is dood. Ik heb hem gedood met metta.

Nu ik dat allemaal zo heb opgeschreven, moet ik toch erkennen dat dit niet altijd voor iedereen waar kan zijn. Ik denk dan onmiddellijk aan alle oprecht vriendelijke en liefhebbende mensen onder de gefolterde en gedode slachtoffers in naziconcentratiekampen, in de 'heropvoedingskampen' van communistisch China, in de steden en dorpen van de door oorlog verscheurde landen op het Afrikaans continent en in de genocide van de oorspronkelijke bewoners van Noord-Amerika, om maar even een fractie van het geweld in onze wereld op te noemen. Ook denk ik aan de miljoenen homo's, lesbiennes, biseksuelen en transgenders die met geweld en haat worden behandeld, alleen om hun seksuele geaardheid of gender-oriëntatie. Ik ben er zeker van dat er honderden miljoenen waarlijk vriendelijke mensen in elkaar zijn geslagen of gedood.

Hoe kan een boeddhist zich dan verzoenen met al dat geweld en lijden in de wereld? Misschien dacht de Boeddha in zijn les meer aan innerlijke veiligheid dan aan fysieke veiligheid. Ik denk hierbij aan de Tibetaans boeddhistische non die is geslagen en verkracht door communistische soldaten; haar lichaam is ont-eerd, het grootst denkbare trauma. Haar jarenlange beoefening van vriendelijkheid en mededogen geeft haar echter toegang tot een innerlijk veilige plek. Die innerlijke plek is een bron van liefdevolle vriendelijkheid die haar genade en liefde verschaft en van waaruit zij haar aanvallers met vergeving en mededogen kan behandelen. Zij begrijpt de diepe onwetendheid van deze mannen en ook de karmische hel die zij voor zichzelf scheppen. In zulke omstandigheden beschermt metta ons niet tegen fysiek geweld, maar ze draagt wel het potentieel in zich om ons te beschermen tegen de gigantische hoeveelheid haat en angst en tegen al het lijden dat met zulke emoties gepaard gaat.

Ik geloof dat wat ik hier liefdevolle vriendelijkheid 'metta' noem, de kracht heeft om ons te beschermen voor die extra lij-denslaag die wij creëren door hebzucht, haat en waan, en op die manier maakt ze onze wereld (onze innerlijke wereld) tot een veiliger plek.

Het woord *vriendelijkheid* wordt vaak gebruikt als een soort algemene term. Wat vriendelijk is hangt in het alledaagse leven af van de omstandigheden. We kunnen het 'omstandigheidsethiek' noemen. Wat in een gegeven situatie ethisch en vriendelijk is, zal afhangen van verschillende factoren. Ik gebruik 'vriendelijkheid' hier op een iets andere, specifiekere manier: vriendelijk zijn is dát doen wat in een gegeven situatie het lijden beëindigt. De vrien-delijke manier is de vaardige respons op elk gegeven moment. Neem nu bijvoorbeeld prettige ervaringen: de vriendelijke relatie tot genot is bijna altijd niet-gehechte waardering. Wanneer we van prettige momenten kunnen genieten zonder ons eraan vast te klampen of zonder ons te verliezen in het hunkeren naar de eeuwigheid van die momenten, dan vermijden we het typische lijden dat we vaak rond genot creëren. De vriendelijke reactie is hier dus: niet gehecht raken. Maar als we niet in staat zijn om genot met niet-gehechte waardering te beleven en als we daardoor gehecht raken aan genot, dan is loslaten de vriendelijke respons. Het volgende, vaak vereiste niveau van vriendelijkheid is geduld hebben met onszelf bij het leren loslaten. Zo wordt geduld weer een andere vorm van vriendelijk handelen. Wanneer onze geest ons veroordeelt omdat we niet zo goed zijn in loslaten en we beantwoorden dat met vergiffenis, dan is vergiffenis een daad van vriendelijkheid. Begin je een beetje een beeld te krijgen? Wat vriendelijk is hangt af van de situatie, zeker, maar het is altijd de bedoeling om het lijden te stoppen. Je moet dus niet doen alsof je altijd aardig bent; vriendelijk zijn betekent echt zijn en openstaan voor het reageren op het lijden dat we zelf ervaren en dat wat we bij anderen waarnemen.

Wanneer het aankomt op pijnlijke ervaringen, dan is de vriendelijke respons er vrijwel altijd een van mededogen. Mededogen beëindigt lijden. Zoals we eerder al zagen: mededogen neemt de pijn niet weg maar richt zich op die extra laag van lijden die we vaak over onze pijn heen gooien. In dat licht is het ontwikkelen van tolerantie en mededogen voor pijn het meest vriendelijke dat we kunnen doen.

Eén van de situaties waarin vriendelijkheid listig wordt, is wanneer we onder ogen moeten zien dat onze schijnbaar vriendelijke handelingen feitelijk schade kunnen berokkenen; met andere woorden, wanneer we inzien dat we iemand nog meer laten lijden door onze intentie om vriendelijk te zijn. Stel bijvoorbeeld dat een vriend of familielid aan drugs verslaafd is. Op een bepaald punt in die relatie zullen we altijd een duidelijke grens moeten stellen. Hoewel je het lenen van geld aan een vriend in veel gevallen kan beschouwen als een vrijgevige en vriendelijke daad, kan het een verslaafde meer kwaad dan goed doen. De meesten van ons staan op de een of andere manier regelmatig voor dit dilemma; bijvoorbeeld wanneer iemand die dakloos lijkt en die overduidelijk dronken is ons om geld vraagt. Is geld geven – wat mogelijk leidt tot meer verslaving en lijden – dan eigenlijk wel een daad van vriendelijkheid? Nee zeggen is in sommige gevallen het meest vriendelijke. Soms is het vriendelijk wanneer je mensen een waarheid vertelt die ze liever niet willen horen. Op andere momenten kan vriendelijkheid de ander kwetsen. Ik denk niet dat vriendelijkheid ooit de *intentie* heeft om schade te berokkenen, maar in sommige situaties is schaden gewoonweg onvermijdelijk.

Sommige van de vriendelijkste daden die ik ooit voor mezelf heb gesteld, behoren tot de moeilijkste en pijnlijkste ervaringen in mijn leven. Bijvoorbeeld: toen ik begon met mediteren vond ik retraites verschrikkelijk saai en mijn lijf deed ondraaglijk pijn, maar ik bleef ermee doorgaan. Nu ik erop terugkijk is dat doorgaan met retraites een van de vriendelijkste dingen die ik voor mezelf en voor heel veel anderen heb gedaan. Dat wat toen echt klote voelde, leidde uiteindelijk tot een radicale verandering in mijn hart en mijn geest. En de positieve veranderingen in mijn leven hebben mij in staat gesteld om duizenden anderen te inspireren en aan te moedigen om het harde pad van meditatieretraites in te slaan. Het punt is dat vriendelijkheid vele uitingsvormen heeft en dat ze tot stand komt door verschillend te reageren op verschillende situaties. We kunnen niet stellen dat gulheid altijd aardig is of dat pijn veroorzaken altijd onaardig is.

Uiteindelijk is het de beoefening van vriendelijkheid en omstandigheidsethiek waarmee we onze innerlijke hebzucht, haat en angst vermoorden. Niet met geweld maar met liefde en vriendelijkheid. Er is alleen hoop op externe verandering wanneer de innerlijke revolutie stevig geworteld is in liefdevolle vriendelijkheid. We moeten de liefhebbende krijgsmacht worden op een spiritueel revolutionair front. Misschien zijn er slechts enkele toegewijde moordenaars nodig om een totale oorlog tegen de onwetendheid te ontketenen.

DEEL 3

HET DODE SPOOR VAN
RELIGIE VERMIJDEN

10

GEEF OP

de kracht van vrijgevigheid

Er wordt gezegd dat de Boeddha aan de mensen die hij op zijn tochten langs steden en dorpen ontmoette, altijd eerst een les over het belang van vrijgevigheid gaf. Het is voor ons allemaal een goede eerste les. Aan het begin van de spirituele beoefening is het ons doel om onze innerlijke hebzucht en ons egoïsme te doorbreken door middel van 'geven' als uiterlijke handeling. Hoewel gulheid uit veel verschillende motivaties en intenties kan voortkomen, uit het zich bijna altijd als 'geven'. *Wat* we geven kan natuurlijk heel veel vormen aannemen.

Soms komt vrijgevigheid naar voren als het geven van materiele dingen. Dit type vrijgevigheid is enorm belangrijk. Wat ons inkomen ook moge zijn, we hebben *allemaal* voldoende om ook iets aan anderen te kunnen geven. We hoeven niet op grote schaal te geven. Onze giften kunnen en moeten binnen de grenzen van onze middelen blijven. De Boeddha stimuleerde de mensen om iets van hun voedsel te delen met hen die noodlijdend zijn. In de steden, dorpen en gehuchten in Zuidoost-Azië zie je dat de mensen zich in de vroege ochtend voor hun huis verzamelen om voedsel aan te bieden aan de monniken die op hun aalmoesronde langskomen. Zij die meer te besteden hebben, geven meer en zij geven misschien ook wat kostbaarder voedsel. Maar zelfs de armste boeren geven een handjevol rijst. De Thaise bevolking begrijpt het belang van geven en begrijpt de les van de Boeddha die zegt dat de verdienste die je door het geven vergaart niet afhangt van de grootte van de gift maar alleen van de oprechtheid en de oprechte gulheid van de gever. De Boeddha zei dat, als we het belang van vrijgevigheid zouden begrijpen, we geen enkele maaltijd meer zouden laten voorbijgaan zonder die te delen met een noodlijdende. Hij gaf ook helder aan dat het goede dat uit het geven ontstaat altijd overeenstemt met de intentie, de oprechtheid en de middelen van de gever.

Intentie is een belangrijke factor bij vrijgevigheid. In het boeddhisme gaan we ervan uit dat vrijgevigheid ons niet alleen in staat stelt om het lijden van hechten en egoïsme te overwinnen, maar dat het ook goed karma of verdienste opwekt. Aan het begin van onze praktijk van vrijgevigheid, wanneer we nog vastzitten in onze oude egoïstische gewoonten, is het prima om te schenken met de egoïstische intentie om wat goed karma voor onszelf op te wekken. Dat is een lagere vorm van vrijgevigheid, natuurlijk, maar het is wel een begrijpelijk beginpunt. Onze intenties veranderen naarmate onze wijsheid groeit. De handeling mag dan dezelfde blijven – nog steeds dat handjevol rijst – maar de intentie verschuift van wat we krijgen door te geven, naar de richting van geven om te geven voor het plezier van het delen van onze rijkdommen.

Verdienste is een reëel en belangrijk aspect van vrijgevigheid, maar het mag niet de enige intentie worden of blijven. Ik vrees dat in veel boeddhistische landen voorbijgegaan wordt aan de diepgang van het boeddhistische pad dat daar werd vervangen door een systeem van verdienste-vergaren. Ik heb lange tijd in Zuidoost-Azië, India, Sri Lanka en Nepal doorgebracht en ik heb gepraat met autochtone boeddhisten over hun verhouding met het boeddhisme. Er lijkt een algemeen thema te bestaan: de prioriteit ligt voor de meeste boeddhisten niet in het ontwikkelen van wijsheid en mededogen door meditatieve training, maar eerder in het volgen van een verwaterde filosofie van verdienste vergaren door het schenken aan kloosters, tempels en altaren. Ik denk dat daarom gezegd wordt dat slechts 10% van de boeddhisten feitelijk dagelijks mediteert.

Hoewel de Boeddha het belang ervan erkende, is het vergaren van verdienste niet het belangrijkste aspect van de Boeddha's dharma. Op zichzelf zal dat ons niet bevrijden van het lijden. Het is niet voldoende om alleen maar vrijgevig te zijn, en al helemaal niet wanneer het schenken wordt gemotiveerd door wat we ervoor zullen terugkrijgen. Zoals eerder is gezegd, is het een prima begin, maar daar mag het niet bij blijven. Het is bij wijze van spreken de spirituele peuterklas. We moeten allemaal ergens beginnen, maar hopelijk halen we ook de basisschool, de middelbare school en, wie weet, misschien zelfs de universiteit.

Geven hoeft niet materieel of financieel te zijn; eigenlijk hoeft het helemaal niets te kosten. We kunnen op een zinvolle en vrijgevige manier onze tijd en/of energie schenken. Denk er even over na: tijd is heel kostbaar. De meesten van ons hebben het gevoel dat er niet genoeg uren in een dag zitten om alles wat we willen doen ook af te maken. Wanneer we wat van onze tijd delen met iemand die daar behoefte aan heeft, kan dat dus een daad van werkelijke vrijgevigheid zijn en een grote bron van verdienste. In een hospice bij een patiënt aan bed zitten is een prachtige manier van schenken. Dat geldt ook voor koken in een straatkeuken, ouderen bezoeken in een bejaardentehuis of vrijwilligerswerk verrichten in het plaatselijke huis voor daklozen of in een blijf-van-mijn-lijfhuis, om maar een paar voorbeelden te noemen. Er zijn ontelbare manieren waarop we onze tijd en energie kunnen schenken aan hen die op een moeilijk moment in hun leven wat hulp kunnen gebruiken.

Een andere vorm van vrijgevigheid bestaat uit het schenken van aandacht. Ik zie hier twee niveaus. Het ene is de diepere innerlijke aandacht van de meditatieve training; grote aandacht aan onszelf schenken. Het andere niveau is de eigenschap volledig aanwezig te zijn en aandacht te schenken aan de mensen die bij ons zijn. De meditatieve training stelt ons in staat om als een daad van vrijgevigheid constant en welbewust onze volle aandacht aan mensen te schenken. Zonder onszelf het geschenk van de training in concentratie en mindfulness te geven, zouden we het wel eens ongelooflijk moeilijk kunnen vinden om echt aanwezig te zijn voor onze vrienden, partners en kinderen. Onze geest schiet alle kanten op. Hij zit vast in het plannen van de dagelijkse activiteiten en probeert zich iets belangrijks te herinneren dat we nog moeten doen, of verliest zich in haatgevoelens en doet die vervelende conversatie van eerder op het werk nog eens dunnetjes over. Dus ja: meditatie kan een daad van vrijgevigheid zijn.

Zoals in een eerder hoofdstuk al is aangehaald: de Boeddha vergeleek de ongetrainde hart/geest met een aap. De aap heeft geen tijd om zijn volledige aandacht te besteden aan onze kinderen, aan onze geliefde of aan wie of wat er zich dan ook vlak voor onze neus bevindt. De hart/geest zoekt steeds naar de banaan. Wanneer we de aap trainen door middel van meditatie, dan geven we onszelf een geweldig cadeau. Het is misschien wel onze meest vrijgevige daad wanneer we de reis op het pad naar geluk en vrijheid beginnen. En met het vermogen om aandacht te schenken – als de aap eindelijk genoeg rust heeft om een tijdje stil te zitten – kunnen we volkomen aanwezig zijn voor anderen.

Hoeveel tijd wordt er in de spreekkamer van een therapeut wel niet besteed aan het praten over hoe pijnlijk het toch was dat onze ouders niet genoeg aandacht voor ons hadden of dat ze niet de juiste aandacht aan ons besteedden? Of misschien hadden zij wel *te veel* aandacht voor ons en overspoelden zij ons met de obsessie van hun eigen aap, waardoor wij de banaan werden! Vrijgevig zijn met onze aandacht betekent ook dat we dit op gepaste wijze doen en met onderscheidend vermogen. Er is niets vervelenders dan zo'n pseudomeditatietype tegen te komen die jou dan van heel dichtbij recht in je ogen aanstaart om toch maar te laten zien hoeveel diepe aandacht hij of zij wel voor je heeft. Kom op joh, dat is helemaal niet nodig. Relax.

We kunnen voor alles en iedereen vrijgevig zijn en we kunnen en moeten onszelf ook de rol van ontvanger toebedelen. Vergiffenis is tenslotte een vrijgevige daad, zowel voor onszelf als voor anderen. Wanneer we anderen vergiffenis schenken, dan is het loslaten van haatgevoelens en verwijten een bevrijding voor onszelf en voor hen die wij vergeven. Vaak geldt die bevrijding nog het meest voor onszelf. Bij het vergeven schenken we onszelf een niveau van vrijheid dat we daarvoor niet bezaten. Zo is die daad van vrijgevigheid niet alleen een daad van schenken maar ook een van loslaten. Vrijgevigheid kan dan, naast vriendelijkheid, gezien worden als een volgende wijze manier van handelen. Zo wordt mediteren vrijgevig. Mededogen tonen wordt vrijgevig. Vergeven wordt vrijgevig.

De volledige dharma van de Boeddha heeft het beëindigen van

het lijden als doel. Wanneer het lijden vermindert en uiteindelijk helemaal stopt, dan blijft er alleen nog een grootmoedig hart over. Toen de Boeddha verlicht werd, ging hij niet zomaar wat achteroverliggen en zich vastklampen aan zijn vrijheid. Bevrijd van het lijden door gehechtheid en aversie wijdde hij de rest van zijn leven aan het verlichten van de spirituele noden van mensen. Vrijgevigheid is de natuurlijke respons van *ieder* verlicht hart. Die vrijgevigheid – de respons van élk verlicht hart – kan vele miljoenen mensen inspireren om vriendelijker te zijn, genereuzer en meer vergevingsgezind. Het positieve effect dat onze dharmabeoefening op de wereld heeft, maakt van elke daad van wijsheid, mededogen en vriendelijkheid een daad van vrijgevigheid. Door onszelf te veranderen, veranderen wij de wereld. Wanneer je dit begrijpt, dan wordt het steeds zinvoller om de denklijn van de bodhisattva-ethiek te volgen die 'ten gunste van alle levende wezens' werkt. Ik geef 'ten gunste van alle levende wezens'. Ik mediteer 'ten gunste van alle levende wezens'. Ik gebruik alle energie in mijn leven 'ten gunste van alle levende wezens'.

Zelfs ontwaken, toe werken naar *verlichting* wordt vanuit dit perspectief een daad van vrijgevigheid. Meditatie is één van de sleutels die de natuurlijke vrijgevigheid van het hart ontsluit. Begraven onder de hebzuchtige en egoïstische gedachten en gevoelens van het menselijk wezen ligt de oprechte wens om te helpen. Dat zien we ook als we mindfulness beoefenen: wanneer we loslaten, dan ontstaat er een natuurlijk aanvaarden en een gevoel van zorgzaamheid. Maar we mogen niet wachten tot er geen enkele gehechtheid of angst om te handelen meer is. Schenken is één van de manieren waarop we de natuurlijke gulheid ontsluieren die verborgen ligt onder de angst en de onzekerheid van hebzucht. Telkens wanneer we geven, is dat een rebellie tegen zelfzuchtigheid. Telkens wanneer we geven, brengt het ons dichter bij de ware aard van het gulle hart.

11

DANK!

een dankbare houding ontwikkelen

Ik heb gehoord dat men in het Chinese boeddhisme het volgende spreekwoord gebruikt: 'Het leven bestaat uit tienduizend genoegens en tienduizend smarten.' We hebben al veel gepraat over de manier waarop je het best omgaat met leed: met mededogen, vergiffenis en vriendelijkheid. Maar wat met al het plezier? Hoe moeten we ons verhouden tot al het genot in het leven?

De tweede edele waarheid van de Boeddha leert ons dat ons leed voor het grootste gedeelte wordt veroorzaakt door ons verlangen naar en het hechten aan genot. Maar toch willen we dat genot wel ervaren, niet dan? Natuurlijk, het antwoord is een lekker vette 'ja'! Genot is niet het probleem. Genot is een natuurlijk en heerlijk aspect van het leven. Je kunt werkelijk op tienduizend manieren vreugde beleven. Maar wat we helder moeten inzien is dat genot *altijd vergankelijk* is: het duurt nooit lang – dat heeft het nooit gedaan en dat zal het nooit doen. Genot is daarom geen betrouwbare bron van geluk. Als je nog steeds genot verwart met geluk, stop daar dan alsjeblieft mee. Het is tijd om wakker te worden. Het wordt tijd dat je ziet wat echt is in je leven.

Genot is vluchtig. Punt. Als we genot beschouwen als de bron van ons geluk, dan zijn we maar een fractie van de tijd gelukkig. Erger nog, de rest van de tijd hunkeren we naar nog meer prettige ervaringen en we missen daardoor alles wat zich voor onze neus afspeelt. Uiteindelijk lijden we het grootste deel van ons leven, want er is nooit voldoende genot. En wanneer we het wel ervaren, dan blijft het niet duren. Klinkt dat bekend? Dus het klopte toch wat de Boeddha zei over het feit dat wij leed creëren uit ons hunkeren naar genot, of niet? De tienduizend geneugten ontvangen en ze daarna ook weer laten gaan, daar zijn wij niet goed in.

De andere kant van het verhaal is dat, wanneer we plezier ervaren – in die geweldige momenten van intimiteit, schoonheid, adrenaline en sensueel genot – we zo krampachtig wensen dat de ervaring blijft doorgaan, dat we de hele boel verprutsen. Dat is de klassieke en dagelijkse ervaring van gehechtheid. Gehechtheid bederft genot. Hechten aan vergankelijke ervaringen – een zonsondergang, een orgasme, een song hit, zelfs een moment van minfulness – veroorzaakt lijden. Klampen we ons vast, dan lijden we. Gehechtheid doet altijd pijn. Altijd!

Het is een onweerlegbaar feit dat alles hier op aarde, inclusief genot, vergankelijk is. Wanneer we ons vastklampen aan genot – en dat doen we meestal – dan lijden we. Het is net als het vasthouden van een touw dat uit onze handen wordt gerukt: we hebben niet de kracht om het tegen te houden; dat is onmogelijk. Hierdoor branden we telkens onze handen, het lijden van vastklampen. Als gevolg van deze waarheid zijn de meesten van ons het grootste deel van de tijd druk bezig met het omzetten van de tienduizend geneugten in tienduizend smarten.

Maar de tienduizend geneugten en de tienduizend smarten staan, misschien verassend genoeg, in perfecte balans. In ieders leven zal er plezier en pijn voorkomen, waarbij het ene opweegt tegen het andere. Echter, als we ons geluk voortdurend ophangen aan genot en daarbij de vergankelijke aard van alle dingen blijven ontkennen, dan zal ons leven uit balans raken; het wordt dan pijnlijker dan nodig is. Mogelijk leiden we dan een leven dat uit twintigduizend smarten bestaat en uit heel weinig vreugde.

Het beoefenen van mindfulness en het ontwikkelen van de metta-principes vriendelijkheid, liefde, vergiffenis en nederigheid, brengen ons steeds dichter bij het creëren van een wijze houding tot zowel genot als pijn. Zoals ik in eerdere hoofdstukken al zei, *de enige wijze relatie tot pijn is genade en mededogen.* Als we het over genot hebben, kunnen we een vergelijkbare regel ontdekken: *de enige wijze relatie tot genot is niet-gehechte waardering.* Naarmate we het vastklampen meer leren loslaten, kunnen we meer van plezier genieten. Hoe minder we ons hechten aan genot en hoe minder afhankelijk we daarvan zijn, des te meer geluk kunnen we ervaren in de realiteit van elk moment. Werkelijk geluk is niet afhankelijk van het feit of het leven goed voelt of leuk is. Werkelijk geluk ontstaat wanneer je in harmonie leeft met de tienduizend geneugten en de tienduizend smarten van het leven. Dit betekent heel duidelijk – en ik heb die ervaring in mijn eigen leven heel goed leren kennen – dat wij gelukkig kunnen zijn midden in onze zorgen of onze pijn. Echt, dit is geen bullshit: wanneer ons hart leert om pijn te behandelen met mededogen en genot met niet-gehechte waardering, dan kan geluk samengaan met elke sensatie, emotie of andere ervaring. Dit is ons doel, onze intentie en ons pad. Dit is het geluk van de Boeddha.

Een ander aspect van waardering dat de Boeddha onderwees, is het genieten van de vreugde en het succes van anderen zonder je bedreigd te voelen of jaloers te zijn. De Boeddha omschreef deze hartkwaliteit als waarderende of welwillende vreugde. Heel veel van ons mentale lijden wordt veroorzaakt door het vergelijkende en oordelende aspect van onze geest – het deel dat jaloezie voelt. Wij hebben door ons egoïsme de neiging om boos te zijn of ons bedreigd te voelen wanneer iemand anders gelukkig of succesvol is. Iemand zei ooit: 'Er is iets niet geheel onprettigs aan andermans mislukking' en dat is waar; we denken vaak: 'Liever hij dan ik.' Genieten van het ongeluk van anderen staat haaks op dat waarover de Boeddha het heeft wanneer hij ons stimuleert om waardering te hebben voor andermans succes, om de fysieke ervaring mee te maken die gepaard gaat met het genieten van het geluk van anderen. Bedolven onder onze gevoelens van nijd en jaloezie ligt een zuivere waardering voor geluk in het leven, wáár dat geluk ook maar gevonden mag worden, wie dat ook maar moge zijn. Het ontwikkelen van die waardering – haar uit de schuilplaatsen verdrijven – is een lastig maar noodzakelijk onderdeel van het dharmapad. Waardering en mededogen vormen een evenwicht: we moeten zowel het genot als de pijn in het leven erkennen. Als we ons te veel op de pijn richten, dan verdrinken we in de diepten van het lijden. Het beoefenen van waardering laat ons inzien dat de prettige dingen zij aan zij met de pijnlijke kunnen bestaan.

In de loop van al die jaren mediteren op waarderende vreugde begon ik een vermogen te ontwikkelen om plezier te beleven aan het genot en de vreugde van anderen. Het is een geweldig gevoel wanneer je in staat bent om anderen aan te moedigen en om blij te zijn met hun successen en hun plezier. Onlangs ben ik ook tot het inzicht gekomen dat deze eigenschap van waarderende vreugde niet alleen op genot van toepassing is. Als dharmaleraar en psychotherapeut heb ik vaak het genoegen om samen te zijn met mensen die pijnlijke inzichten over zichzelf verwerven. Wanneer dit inzichten zijn waarvan ik weet dat ze zullen leiden tot een dieper gevoel van geluk en welzijn, dan voel ik vaak die hartkwaliteit van waarderende vreugde. Anders gezegd: soms ben ik blij wanneer mensen lijden omdat ik weet dat dit het *goede* soort lijden is, het soort lijden of pijn waardoor het lijden uiteindelijk zal stoppen. Komt er iemand naar mij toe die zijn of haar hart uitstort over hoe pijnlijk de meditatieve inzichten toch wel waren, dan glimlach ik vaak en ik vertel hoe blij ik ben dat deze persoon zo erg lijdt. Dat klinkt misschien verknipt maar dat is het niet. Ontwaken brengt vaak een serie pijnlijke inzichten met zich mee. En blij zijn omdat mensen zich door het harde werk van ontwaken worstelen, is een gezonde vorm van waardering.

Deze hartkwaliteit bereikt haar top in het waarderen van ons kostbare leven zelf. Vanuit het boeddhistische perspectief, waarbij reïncarnatie deel uitmaakt van de structuur van de realiteit, wordt gezegd dat de wedergeboorte tot mens zeldzaam en kostbaar is. In een beroemd boeddhistisch verhaal wordt onze kans op een menselijke wedergeboorte vergeleken met de kans dat een blinde zeeschildpad (die eens in de paar duizend jaar opduikt) aan de oppervlakte komt met zijn kop precies in het midden van een drijvend stuk uitgehold hout – met andere woorden, er drijft dus maar één stuk hout op de zee en de schildpad komt nou net toevallig naar boven met zijn kop precies in het midden van het gat in het hout. Nou ja, je snapt het wel.

Menselijke wedergeboorte is kostbaar, maar het zit hem niet alleen in 'geboren worden'. Het gaat er ook om dat je geboren moet worden in een domein waarbinnen je de kans hebt om de ware dharma tegen te komen. Het is misschien arrogant van mij om te zeggen, maar ik zeg het toch maar: als je dit boek leest, dan beleef je nu zo'n incarnatie. Wat er zich tot nu toe ook allemaal in je leven heeft afgespeeld, het is duidelijk dat je nu de dharma bent tegengekomen. De ervaring om de waarheid over het leven te horen is zeer uitzonderlijk; je beleeft dus een ongelooflijk zeldzame incarnatie. (Ik wil natuurlijk helemaal niet beweren dat ik de schepper van deze waarheid ben; ik kan alleen maar de verantwoordelijkheid van boodschapper op mij nemen. Ik vertegenwoordig eenvoudig de 'Rebel Saint', Siddhartha, 'Sid', de Boeddha.)

Het doel van onze inspanningen is om het leven ten volle te waarderen, om de dharma ten volle te waarderen en om geen tijd meer te verkwisten met het najagen van waandenkbeelden. We kunnen van geluk spreken dat we als mens geboren zijn en dat we in contact zijn gekomen met de dharma. Maar dat is niet voldoende. Voor de meeste mensen houdt het daar op. Of anders nemen ze een hapje dharma en zweren daarna dat ze zullen ontwaken en zichzelf zullen bevrijden van waanbeelden. En dat terwijl ze feitelijk alleen maar onderdeel worden van de misleide boeddhistische massa en ze het kopen van verdienste en het vereren van godheden en leraren verwarren met het pad. Neem deze woorden alsjeblieft ter harte: als je de lessen van de Boeddha waardeert, verlies jezelf dan niet in boeddhistische religie. Doe alleen dat waartoe de Boeddha aanmoedigde.

Elke boeddhistische stroming heeft veel goeds te bieden, maar ook veel dat helemaal niets te maken heeft met de Boeddha's boodschap van bevrijding door persoonlijke inspanning. Hoe meer ik de Boeddha en zijn lessen begrijp, des te minder kan ik sommige manieren aanvaarden waarop boeddhisme wordt onderwezen. Veel van wat in sommige boeddhistische scholen wordt onderwezen staat lijnrecht tegenover de boodschap van de Boeddha. Mogelijk zeggen sommigen nu dat ik het risico loop om een fundamentalist te worden. Welja, ik ben – in deze context – heel blij om het bij de fundamenten van bevrijding te houden. Niet uit een superioriteitsgevoel of uit competitiedrang, maar uit zorg voor alle mensen die oprecht de waarheid zoeken en die zowel door zogenaamde boeddhisten worden misleid als door de rest van de religieuze wereld.

Oké, nu even van mijn zeepkist afstappen. Waar was ik gebleven? O ja, bij dit ongelooflijke leven dat wij leven. En bij het feit dat we in de gelegenheid zijn onze hart/geest te trainen om werkelijk geluk en echte vrijheid te ervaren. Wij weten niet hoelang dit leven gaat duren. De vergankelijkheid leert ons dat niets zeker of betrouwbaar is, ook niet ons fysieke lichaam. De meditatieve beschouwingen over de dood, die deel uitmaken van de boeddhistische mindfulnesspraktijk, en de kostbaarheid van de menselijke wedergeboorte zorgen ervoor dat wij gemotiveerd raken en dat wij ons dankbaar gaan voelen voor de gelegenheid die voor onze neus ligt: leven.

MEDITATIE OP WAARDERENDE VREUGDE

Ga op een comfortabel plekje zitten en laat je aandacht tot rust komen in het lichamelijke 'gewaarzijn in het nu'. Laat elke spanning in je lichaam los door je buik zachter te maken; ontspan je ogen en je kin en laat je schouders natuurlijk – van je hoofd weg – naar beneden vallen.

Blijf zo even zitten in dit gewaarzijn in het nu. Beschouw vervolgens *jouw diepste verlangen naar geluk en vrijheid van lijden*. Laat jouw meest oprechte hartsverlangen naar waarheid en welzijn tot je bewustzijn doordringen. Adem nu – met elke ademhaling – recht in het centrum van je hart, de erkenning en de waardering van al het genot en geluk dat je in je leven hebt ervaren.

Richt zinnen van waardering en aanmoediging tot jezelf, geleidelijk aan, met de intentie om de respons van dankbaarheid naar boven te halen die soms diep in je hart begraven ligt. De zinnen kunnen zo eenvoudig zijn als:

'Moge ik leren om het geluk en het genot dat ik ervaar te waarderen zonder eraan vast te klampen.'

'Moge de vreugde die ik ervaar voortduren en groeien.'

'Moge ik vervuld zijn van dankbaarheid.'

Wanneer je deze zinnen niets vindt, mediteer dan in je eigen woorden. Zoek naar een paar eenvoudige zinnen die een waarderende intentie hebben en richt deze goede wensen geleidelijk aan tot jezelf.

Net zoals bij aandachtsmeditatie kan je aandacht tijdens het herhalen van deze frasen verleid worden om zich met andere dingen bezig te houden, om weerstand te bieden of om te oordelen over jouw vermogen tot waardering en dankbaarheid. Wanneer jouw aandacht afdwaalt heb je milde en volhardende inspanning nodig om terug te keren naar de volgende zin:

> 'Moge ik leren om het geluk en het genot dat ik ervaar te waarderen zonder me eraan vast te klampen.'

Voel je ademhaling en de respons van je lichaam op elke zin.

> 'Moge de vreugde die ik ervaar voortduren en groeien.'

Merk bij elke zin op waar de geest naartoe drijft.

> 'Moge ik vervuld zijn van dankbaarheid.'

Laat je geest en lichaam zich ontspannen in de echo van elke zin. Herhaal deze zinnen steeds maar weer tot jezelf, als een soort mantra of een uiting van je positieve intenties.

Verwacht niet dat je door deze methode onmiddellijk dankbaarheid zult voelen. Soms is ons gebrek aan waardering en de weerstand van onze oordelende geest het enige dat zichtbaar wordt. Erken gewoonweg wat er gebeurt en blijf de zinnen herhalen. Wees daarbij zo vriendelijk en genadevol voor jezelf als je kunt.

Wanneer je een aantal minuten lang deze woorden van waardering tot jezelf hebt gericht, kun je je aandacht terugbrengen naar je ademhaling en je lichaam. Kom even tot rust in je zithouding.

Haal nu *iemand* voor je geest *van wie je weet dat het goed voor jou is dat je van zijn/haar bestaan afweet.* Iemand die jou heeft geïnspireerd of die veel vreugde in jouw leven heeft gebracht. Bied deze begunstiger de zinnen van waardering aan, terwijl je erkent dat – net zoals ook jij gelukkig en succesvol wilt zijn – hij of zij het universele verlangen naar aanmoediging, steun en waardering met jou deelt. Herhaal elke zin langzaam en hou daarbij die persoon als doel van jouw goede wensen voor ogen:

> 'Net zoals ik wil leren om het geluk en de vreugde in het leven te waarderen, moge ook jij vreugde ervaren en moge je vervuld zijn van de waardering voor jouw geluk en succes.'

> 'Moge jouw geluk en vreugde groeien.'

> 'Moge jij succesvol zijn en waardering ervaren.'

Blijf deze zinnen vanuit je hart herhalen in de richting van je begunstigers. Ontwikkel zo het gevoel van waardering voor de vreugde en het succes van anderen.

Wanneer de geest zich weer verliest in een verhaal, een herinnering of een fantasie, keer dan gewoon weer terug naar de beoefening. Zend dan opnieuw zinnen van waardering en dankbaarheid naar de begunstiger.

Wanneer je een aantal minuten lang deze waarderende woorden tot jouw begunstiger hebt gericht, laat hem/haar dan uit je gedachten gaan en breng je aandacht terug naar het directe ervaren van je ademhaling en je lichaam. Besteed extra aandacht aan je hart, aan je emotionele ervaring.

Richt vervolgens je aandacht op iemand die je niet zo goed kent, *een neutraal iemand* (iemand van wie je niet houdt maar die je ook niet haat – misschien iemand die je helemaal niet kent, iemand die je vandaag ergens zag, op straat of wachtend in een rij in de supermarkt). Begin deze persoon jouw zinnen van waardering aan te bieden, vanuit het inzicht dat het verlangen naar vreugde universeel is:

'Moge jij meer geluk en vreugde ervaren.'

'Moge vreugde en geluk in jouw leven blijven en groeien.'

'Moge jij succesvol zijn en waardering ervaren.'

Wanneer je je een aantal minuten lang met waarderende woorden tot die neutrale persoon hebt gericht, breng dan je aandacht terug naar ademhaling en lichaam.

Breid vervolgens de beoefening uit en betrek er nu *familieleden en vrienden bij over wie je mogelijk gemengde gevoelens hebt* (zowel liefde als oordelen):

'Moge jullie meer geluk en vreugde ervaren.'

'Moge vreugde en geluk in jullie leven blijven en groeien.'

'Moge jullie succesvol zijn en waardering ervaren.'

Nadat je gedurende een paar minuten waardering naar deze 'gemengde groep' hebt gezonden, kun je je aandacht weer terugbrengen naar je ademhaling en lichaam.

Breid dan de beoefening weer uit en richt je nu tot 'de moeilijke mensen in je leven en in de wereld' (met *moeilijk* bedoel ik de mensen die je uit je hart hebt moeten bannen, mensen voor wie je wrok voelt). Zelfs al heb je het meest eenvoudige begrip van de menselijke natuur, dan nóg is het duidelijk dat alle wezens met waardering behandeld willen worden; alle wezens – zelfs de vervelende, ruwe, gewelddadige, verwarde en onvriendelijke – willen gelukkig zijn.

Met dit voor ogen en met de intentie om jezelf te bevrijden van jaloezie, angst en wrok, richt je je meditatie van waardering nu op *iemand die de bron is van moeilijkheden in je geest of in je hart.* Schenk deze persoon dezelfde zinnen en kijk goed naar de respons van jouw hart/geest:

'Moge jij meer geluk en vreugde ervaren.'

'Moge de vreugde in jouw leven blijven en groeien.'

'Moge jij succesvol zijn en waardering ervaren.'

Na een paar minuten beoefening in de richting van moeilijke mensen kun je het veld van waardering uitbreiden naar *iedereen in jouw nabije omgeving.* Begin met het zenden van waarderende zinnen naar iedereen die bij jou in huis is op het moment van beoefenen. Breid daarna geleidelijk uit naar iedereen in je dorp of stad. Laat jouw positieve intentie om iedereen met waardering te benaderen zich in alle richtingen verspreiden. Stel je voor dat je 'de hele wereld' omspant met deze positieve gedachten. Zend waardering naar Noord en Zuid, naar Oost en West. Straal dankbaarheid en waardering uit naar alle levende wezens: de wezens boven je en onder je, de zichtbare en onzichtbare, zij die geboren worden en zij die stervende zijn. Herhaal de zinnen van waardering, met een grenzeloze en vriendelijke intentie:

'Mogen alle wezens meer geluk en vreugde ervaren.'

'Moge de vreugde in het leven van alle wezens blijven en groeien.'

'Mogen alle wezens succesvol zijn en waardering ervaren.'

Nadat je gedurende een paar minuten waardering naar alle wezens hebt gezonden, laat je de zinnen gewoonweg los en breng je je aandacht weer naar je ademhaling en je lichaam. Bestudeer de sensaties en emoties die nu aanwezig zijn.

Dan, wanneer je er klaar voor bent, open je je ogen en keer je met je aandacht weer terug naar je omgeving.

12

SURFEN OP DE GOLVEN VAN KARMA

*genieten van een relaxt stranddagje of
een klotetsunami doorstaan*

Eén manier om naar de moeilijkheden in ons leven en in de wereld te kijken, is door de lens van karma. Als karma een werkelijke wet van het universum is, dan liggen oorzaak en gevolg aan de basis van alles wat er gebeurt. Voor sommigen van jullie is dit misschien een volslagen nieuw concept. Anderen geeuwen nu misschien terwijl ze zeggen: 'Ja hoor, *karma*, weet ik alles van.' Ik vraag je om dit hoofdstuk met een open geest te lezen, maar zonder blind geloof. Overdenk deze lessen zorgvuldig en neem er echt de tijd voor; besluit alsjeblieft niet te snel dat jij de antwoorden wel weet.

Wat als alle gebeurtenissen in de wereld rechtvaardig en eerlijk zijn? Wat als karma en reïncarnatie helemaal waar zijn? En wat als al het lijden in de wereld werkelijk zelf-veroorzaakt is? Als iedereen de situatie waarin hij of zij zich bevindt zelf heeft gecreëerd, hebben we dan geen verantwoordelijkheid meer om elkaar te helpen? Zou jij karma gebruiken als een excuus om je hart te verharden en je gebrek aan mededogen te rationaliseren, of zou je nog steeds mededogen hebben voor het lijden van anderen?

Laten we een voorbeeld bekijken. Als wij allemaal de ouders krijgen die wij zelf gecreëerd hebben, dan zijn het onze eigen handelingen in onze eerdere levens geweest die ervoor gezorgd hebben dat we geboren werden met – ik noem maar wat – een alcoholverslaafde vader en een afhankelijke moeder. Is mededogen voor onze situatie en voor de situatie van alle kinderen die lijden in moeilijke en zelfs gevaarlijke gezinnen dan nog steeds de gepaste respons? Als we verantwoordelijk zouden zijn voor het creëren van ons gezin en onszelf niet als slachtoffers van onze omstandigheden zouden beschouwen, dan zouden we nogal een andere kijk op het leven krijgen.

Dit is een moeilijk onderwerp. Ik ben bang dat sommigen, zoals vele miljoenen in het verleden, karma verkeerd zullen begrijpen en dat ze het niet alleen zullen misbruiken om zichzelf te onttrekken aan de verantwoordelijkheid om anderen te helpen, maar ook om de gedachte te rationaliseren dat het prima is om anderen te onderdrukken. Ik vrees reacties als: 'Het is hun karma, dus is het oké dat ze vermoord, verkracht of systematisch onderdrukt worden vanwege hun huidskleur, geslacht, religieuze overtuiging of seksuele geaardheid.' En dit is geen ongegronde vrees. In werkelijkheid was dit exact wat er in de Boeddha's tijd aan de hand was in India; dit is precies wat de Boeddha aankaartte in zijn lessen over gelijkheid en bescherming voor iedereen die daarnaar zoekt. In die tijd gebruikte het religieuze machtsapparaat – het hindoeïsme – karma om een racistische vorm van onderdrukking – het kastenstelsel – goed te praten. Hierbij ging men ervan uit dat iemands plaats op de sociale ladder werd bepaald door de omstandigheden van zijn of haar geboorte. Ondanks het werk van de Boeddha bleef deze kortzichtige, misplaatste interpretatie van karma zijn hele leven lang van kracht. En dat gaat tot op de dag van vandaag door, zelfs in maatschappijen die niet formeel op het kastenstelsel zijn gebaseerd.

Karma gebruiken als rechtvaardiging voor onderdrukking verschilt niet veel van de manier waarop sommige christenen de Bijbel gebruikten om slavernij te rechtvaardigen; of van de manier waarop een aantal fundamentalistische moslims de Koran gebruiken om de onderdrukking van vrouwen goed te praten; of van wat sommige Japanse boeddhisten deden om – op verschillende momenten en in verschillende oorlogen – een rechtvaardiging te vinden voor de invasie van Korea, China en de Stille Zuidzee, en het bombardement van Pearl Harbor. De afgelopen tweeduizend jaar hebben westerse godsdiensten 'Gods wil' gebruikt als rechtvaardiging van grove onwetendheid en gewelddadige handelingen. Hindoes hebben meer dan drieduizend jaar lang een verdraaide versie van karma gebruikt om de onderdrukking door het eerder genoemde kastenstelsel goed te praten. En zelfs boeddhisten deden hetzelfde!

De Boeddha deed zijn uiterste best om zo duidelijk mogelijk te maken dat karma en reïncarnatie – met elkaar verweven als integraal onderdeel van zijn leer – op geen enkele manier en op geen enkel niveau rechtvaardige redenen voor onderdrukking zijn. Integendeel. Als wij allemaal ons eigen lot bepalen en als ons lot volkomen afhankelijk is van ons handelen op elk moment, dan veroorzaken wij telkens wanneer wij anderen leed aandoen, lijden voor onszelf. En karma behelst niet alleen onze welbewuste acties maar ook onze welbewuste 'inactiviteit'; met andere woorden: wanneer we iemand kunnen helpen maar we kiezen ervoor om dat niet te doen, dan zijn wij karmisch verantwoordelijk voor het egoïsme dat ons verhinderde om betrokken te raken. Telkens wanneer je niet met mededogen handelt en zegt 'Het was hun karma', dan is dat net zo'n grote zonde of negatief karmische handeling als wanneer jij zelf de onderdrukker zou zijn. Zo werkt dat dus. De Duitsers die wisten wat er zich in nazi-Duitsland afspeelde en die hadden kunnen helpen maar die ervoor kozen om dat niet te doen omdat ze bang waren voor wat hun zou kunnen overkomen, zijn karmisch betrokken bij de dood van de joden. De blanken in mijn land die niet handelen als bondgenoten van de kleurlingen die voortdurend systematisch worden onderdrukt – door de arm der wet en door een sociopolitiek systeem dat is ontworpen om de massa gescheiden te houden – zijn karmisch betrokken bij deze onwetendheid en haar gevolgen. De brahmaanse priester aan de oevers van de Ganges in India, die de 'onaanraakbare kaste' niet wil aanraken of zegenen, zal de vruchten plukken van zijn – door godsdienst gerechtvaardigd – racisme. De christelijke dominee die de Bijbel gebruikt om zijn eigen homofobie goed te praten en die doorgaat met het misleiden van mensen door te zeggen dat 'homoseksualiteit een keuze is en een zonde', zal branden in een apart soort karmische hel, speciaal gecreëerd voor homofoben. Snap je?

In deze wereld zijn er geen karma-vrije zones. Niemand is vrijgesteld van de verantwoordelijkheid voor al zijn of haar welbewuste handelingen en laksheid. En nee, onwetendheid is 'geen' excuus. Nee, verkeerd ingelicht zijn door jouw religie is geen excuus. Diep in ons hart weten we dat het verkeerd is om welk levend wezen dan ook te kwetsen, los van wat onze religie hierover zegt. Er zijn geen achterpoortjes. Iedereen is volledig verantwoordelijk voor wat hij of zij doet. Handelingen die leed veroorzaken, hebben negatieve gevolgen. Punt. En daar kan ook een ongunstige wedergeboorte bij horen. Heilzame en vriendelijke handelingen hebben een positief resultaat. Punt. En daar kan ook een gunstige wedergeboorte bij horen. Als de wet van karma waar is, dan is dit een eerlijke en rechtvaardige wereld, alle schijn ten spijt.

Maar of we nu al dan niet geloven in karma en reïncarnatie, dat perspectief mag geen invloed hebben op onze relatie met het lijden in deze wereld. We hebben nog steeds de verantwoordelijkheid om elkaar te helpen. We zijn nog steeds verantwoordelijk voor onze daden. Of het misbruikte kind in zijn vorige leven een eikel was of niet, onze hartrespons op lijden zou altijd een mededogende bereidheid tot bescherming en vergeving moeten zijn. Ook in relatie tot de misbruiker of de onderdrukker: zelfs al zal hij of zij de consequenties van deze daden moeten aanvaarden, dan nog mag dat resultaat niet worden gebruikt als een excuus om niet in te grijpen. Het geoefende hart zal uiteindelijk zowel de misbruikte als de misbruiker met hetzelfde mededogen en begrip behandelen.

De Boeddha stelt karma aan de orde in zijn leer over gelijkmoedigheid. Hoewel mededogen de gepaste respons is op het lijden van deze wereld, moeten we die respons door wijsheid in balans houden, aldus de Boeddha. We kunnen wel voor elkaar zorgen en elkaar willen beschermen op fysiek en emotioneel vlak, maar uiteindelijk kunnen we niets doen om een einde te maken aan andermans innerlijke gehechtheid en de identificatie met hunkering en afkeer die hun lijden veroorzaakt. Wanneer we in een gewenste staat van gelijkmoedigheid – balans – zijn, dan aanvaarden we dat feit: alle wezens moeten zelf het werk doen; iedereen moet zijn of haar eigen karma zuiveren. Wij kunnen dit niet doen voor iemand anders en niemand anders kan dat voor ons doen. Deze les moet op twee niveaus worden begrepen. Er is een niveau van fysiek lijden en we moeten ons best doen om dat lijden te verlichten. Maar er is ook het meer subtiele niveau van het innerlijk leed, door vastklampen en afkeer. Aan leed bij anderen kunnen we niets veranderen. Het is dit tweede niveau waar gelijkmoedigheid op duidt.

Gelijkmoedigheid benadrukt het feit dat alleen de persoon zelf het vermogen heeft om zijn of haar relatie met de hart/geest te transformeren. We kunnen mensen niet dwingen om vrij te zijn; iedereen moet zelf het werk doen. Het beoefenen binnen dit gebied van gelijkmoedigheid houdt in dat we ons openstellen voor het inzicht dat mededogen en bescheidenheid in balans moeten zijn. We mogen dan wel de diepste intentie hebben om alle wezens van lijden te bevrijden – en we kunnen veel bereiken door het beoefenen van vrijgevigheid en vriendelijkheid – toch laat gelijkmoedigheid ons zien dat alle wezens uiteindelijk zichzelf moeten bevrijden. Raak dus niet al te gehecht aan wereldvrede en zelfs niet aan het geluk van je partner. Wat we kunnen en moeten doen, is trachten elkaar op te voeden, te steunen en te stimuleren in het ontwikkelen van meer wijsheid en mededogen.

INSTRUCTIES VOOR MEDITATIE OP GELIJKMOEDIGHEID

Ga op een comfortabele plaats zitten en laat je aandacht tot rust komen in het lichamelijke 'gewaarzijn in het nu'. Laat elke spanning in je lichaam los door je buik zachter te maken; ontspan je ogen en je kin en laat je schouders op een natuurlijke manier van je hoofd wegvallen.

Blijf zo even zitten in dit gewaarzijn in het nu. Beschouw vervolgens 'jouw diepste verlangen naar geluk en vrijheid van lijden', zowel voor jezelf als voor anderen. Overdenk je verlangen om de nood van anderen te lenigen en om met mededogende betrokkenheid in de wereld te staan. Beschouw zowel de vreugde als het verdriet dat in de wereld is. Laat jouw meest oprechte hartsverlangen naar waarheid en welzijn in jouw bewustzijn opkomen.

Adem nu – met elke ademhaling – recht in het centrum van je hart, de erkenning van de noodzaak om jouw zuivere intentie voor positieve verandering in evenwicht te brengen met het feit dat je niet het vermogen hebt om controle over anderen uit te oefenen.

Herhaal de volgende zinnen:

'Alle wezens zijn verantwoordelijk voor hun daden.'

'Lijden en geluk ontstaan door onze relatie tot de ervaring, niet door de ervaring zelf.'

'De vrijheid en het geluk van anderen zijn afhankelijk van hun eigen daden, niet van mijn wensen voor hen.'

Ontspan in de weerklank van de balans tussen jouw diepste hartsverlangen om anderen te helpen en de wijze respons van de geest die onze tekortkomingen en machteloosheid erkent.

Blijf deze zinnen herhalen zolang het goed voelt. Om te beginnen is tien tot twintig minuten misschien een goede tijdsduur.

TONGLEN: EEN NIEUWE KIJK OP EEN OUDE PRAKTIJK

adem het allemaal in, adem het allemaal uit

De oorspronkelijke leer van de Boeddha bevat beoefeningen die we de brahmavihara's (of 'verheven toestanden') noemen. In deze lessen gaf hij meditatie-instructies over de belangrijkste harttraining in liefdevolle vriendelijkheid, mededogen, waardering en gelijkmoedigheid. Deze methoden waren zo populair dat de Boeddha later nog veel meer technieken heeft ontwikkeld die allemaal hetzelfde doel hadden: het ontsluieren van het mededogen voor alle wezens. Hoewel ik een beetje ouderwets en elitair ben (ik behoor tot de theravada-traditie) vind ik het ook prima om nuttige lessen en technieken toe te passen die later (via de mahayana-traditie) werden toegevoegd. Ik zie het zo: als het werkt, dan werkt het. Metta is de 'old school'. Tonglen is de 'new school'. Ik beschouw mezelf als 'Amerikaans boeddhist'. Ik integreer de lessen die mij het meest zinvol lijken, uit alle Aziatische tradities.

Tonglen is een Tibetaans woord dat 'zenden en ontvangen' of 'schenken en krijgen' betekent. De basis van de praktijk is het inademen van pijn en lijden, en het uitademen van mededogen. In de metta-praktijk trainen we eenvoudig de geest door alle wezens toe te wensen dat ze rust mogen vinden; er wordt daarbij verondersteld dat we ons al bewust zijn van de grote hoeveelheid pijn en lijden in de wereld en dat onze wensen een respons zijn op dat lijden. In de tonglen-praktijk wordt er niet van uitgegaan dat we ons volledig bewust zijn van het lijden in de wereld; er wordt ons gevraagd om na te denken over de pijn in ons leven, in het leven van anderen en in de wereld, en om die pijn en dat leed daadwerkelijk rechtstreeks in te ademen. In de beoefening is dit het aspect van 'innemen' of 'ontvangen'. Tijdens de inademing ben je bereid om de pijn te voelen, om de grote hoeveelheid lijden in je leven en in de wereld te erkennen. Dit is een moedige daad en die vereist de bereidheid om alle vormen van ontkenning te laten varen, om de wereld te zien zoals zij is.

De inademing bij tonglen is de beoefening van de boeddhistische eerste edele waarheid. In die waarheid vraagt de Boeddha ons om 'de waarheid van het lijden volledig te kennen'. Soms gaan we wat slapjes om met het erkennen van lijden. Tonglen laat ons dat lijden volledig in ons opnemen. Sommigen zijn bang om zich naar het lijden te richten; ze hebben het idee dat het hen zal overweldigen. Maar het enige dat we bij tonglen doen, is bewust en direct kijken naar wat altijd al aanwezig was. Het is niet omdat we onze ogen sluiten voor de witte olifant in de kamer, dat hij er niet al de hele tijd was. En wanneer we *wel* beginnen te kijken naar de waarheid van de situatie waarin wij en de wereld zitten, dan is dat eerder bevrijdend dan overweldigend. Het kan als een grote opluchting voelen wanneer je je naar de waarheid van het lijden wendt. Hierdoor kunnen we er eindelijk achter komen waarom het leven vaak zo moeilijk is, waarom mensen vaak zo onvriendelijk zijn: omdat iedereen op een bepaald niveau lijdt. We ademen dus de waarheid in. In het begin kan dat een beetje pijn doen, maar daar gaat het juist om: het *moet* pijn doen. Er is niets mis met het voelen van wat pijn. Pijn is niet de vijand. Pijn is niet de oorzaak van lijden. Pijn is een deel van het leven. Pijn wordt pas een probleem wanneer we hem met haat behandelen of hem negeren. Maar in tonglen negeren we de pijn niet; we ademen hem in, voelen hem en beantwoorden hem.

Na het inademen van de pijn ademen we mededogen uit. Mededogen is, zoals we al weten, de enige wijze relatie tot pijn. Maar het is vaak moeilijk om het vermogen op te wekken om met genade, mededogen of vergiffenis te reageren. Tonglen biedt ons een praktische manier om de hart/geest te trainen in het aanboren van mededogen: het voortdurend herhalen van de welbewuste poging om de ingeademde pijn te beantwoorden met een mededogende uitademing. Het is natuurlijk iets ingewikkelder dan 'gewoon maar mededogen uitademen', want in het begin zijn we niet in staat om dit op een zuivere en oprechte manier te doen. Maar zoals altijd: de gedisciplineerde en herhaalde meditatieve handelingen verlenen ons toegang tot verborgen hartkwaliteiten.

Tonglen creëert geen mededogen; het laat ons simpelweg toe tot dat mededogende hart dat bedolven lag onder de afwijzende neigingen van het ongetrainde hart. Met elke uitademing die de intentie in zich draagt om pijn met mededogen te beantwoorden, komen wij dichter en dichter bij de liefdevolle respons van mededogen in ons ware hart. Met het uitademen van mededogen laat je de wens los dat de pijn moet verdwijnen. Het is het loslaten van alle extra lagen van weerstand, oordeel of angst die we over onze pijn hebben gegooid. Mededogen stopt de pijn niet, zoals we al zagen, maar het beëindigt het lijden door pijn. Wanneer we dus uitademen verwachten we niet dat ons mededogen de pijn op magische wijze laat verdwijnen. We hebben echter houvast aan het inzicht dat mededogen de manier waarop we omgaan met pijn kan en zal veranderen.

Wanneer ik tonglen en andere dharmapraktijken probeer te begrijpen, moet ik altijd denken aan een vergelijking die mijn vader maakte wanneer hij lesgaf over vergiffenis en mededogen. Hij zei altijd dat elk van onze niet-vaardige reacties op het leven – meestal in de vorm van vastklampen of wegduwen – als een dun vel rijstpapier is dat we over ons hart leggen. Bedenk eens met hoeveel vellen angst, woede, haat en oordeel we elke dag ons hart bedekken. En we doen dat voortdurend. Uiteindelijk ligt ons hart begraven onder zoveel rijstpapier dat die laag kogelvrij is geworden. Elk afzonderlijk velletje papier vormt op zich geen probleem; het is maar rijstpapier, het lost op in water en we kunnen er zó met een vinger doorheen prikken. Maar wanneer we onze gewoonlijke reactieneigingen tot vastklampen of wegduwen zomaar de vrije loop laten, dan wordt de papierlaag dikker en dikker totdat het ten slotte een harnas wordt.

Alle brahmavihara-praktijken en tonglen zijn in staat om het proces in gang te zetten dat leidt tot het oplossen van de bepantsering rond ons hart. Telkens als we onze metta-zinnen herhalen of in tonglen mededogen uitademen, lossen we hiermee het rijstpapier op; we komen dichter en dichter bij het natuurlijke mededogen van ons ware hart. Voor sommigen kan het een tijdje duren voordat zij werkelijk het mededogen voelen dat we met tonglen proberen aan te boren. Ik vraag je echter om het vertrouwen te hebben dat je je hart uiteindelijk zult ontsluieren en zult terugwinnen.

INSTRUCTIES VOOR TONGLEN MEDITATIE

Neem een makkelijke houding aan, alert en rechtop maar ook ontspannen en mild. Laat je ogen dichtvallen en breng je aandacht volledig naar het centrum van je hart. Laat het voelen alsof elke in- en uitademing rechtstreeks door het hart stroomt.

Adem nu het algemeen gevoel van het lijden in de wereld in. Dat lijden waar jij je bewust van bent. Laat je hart zich openen en laat het zich vullen met het leed van de wereld. Voel die pijn, dat verdriet, dat leed. Laat het allemaal binnenkomen.

Adem het dan allemaal uit. *Adem golven van mededogen uit in alle richtingen.* Schenk vergeving aan alle levende wezens in de hele wereld. Blijf hiermee doorgaan – adem het lijden in, adem mededogen uit.

Nadat je zo een paar minuten heel algemeen hebt gegeven en hebt ontvangen, kun je visuele aspecten aan je meditatie toevoegen.

Stel je bij het inademen de pijn en het lijden voor als zwart, zwaar en heet. Adem het zwarte vuur van het lijden in de wereld in.

Stel je bij het uitademen de genade en het mededogen voor als wit, licht en koel. Adem het verzachtende, koele ijs van mededogen uit.

Ga gedurende een paar minuten door met deze warm/koudademhaling.

Nu komen we bij het persoonlijke aspect van de praktijk. Haal je *specifieke pijnlijke situaties uit jouw leven* voor de geest. Adem de pijn van die situaties in, voel haar volledig. Adem genade en mededogen voor jezelf uit. Adem lijden in en adem mededogen uit, steeds maar weer.

Nadat je een paar minuten zo je persoonlijke moeilijkheden hebt beoefend, kun je weer gaan uitbreiden. Haal er nu *mensen uit je leven bij van wie je houdt*. Adem de pijn en het leed van jouw lievelingen in. Beschouw dat als zwaar, donker en heet. Adem mededogen voor hun lijden uit en voel de uitademing als licht, wit en verkoelend. Adem het leed in; adem liefde, zorgzaamheid en mededogen uit.

Breid na deze momenten met je dierbaren de beoefening weer uit en betrek er nu ook *alle mensen bij van wie je nu nog niet houdt*. Beschouw de pijn en het lijden van de massa en zelfs die van jouw vijanden. Iedereen lijdt op een bepaald niveau, net als jij. Adem het lijden van de mensheid in; adem mededogen voor de mensheid uit. Adem de pijn in die het hart van jouw vijanden gesloten houdt; adem het mededogen uit dat de wonden heelt die door de niet-vaardige daden van jouw vijanden zijn veroorzaakt.

Blijf op dit niveau werken totdat je het echt begint te menen. Uiteindelijk zul je je oprecht het lijden van alle levende wezens aantrekken, zelfs dat van de meest onverstandige onder jouw vijanden.

Laat ten slotte de persoonlijke niveaus van je leven en die van de menselijke wereld los. Breid de beoefeningen nu in alle richtingen uit en betrek er *alle vormen van leven bij*: zoogdieren, insecten, vogels, vissen enzovoort. Adem de pijn en het leed van alle levende wezens in; adem mededogen en liefde voor de hele wereld uit. Ervaar je inademing als zwart, zwaar en heet; de uitademing als wit, licht en koel. *Vergeet niet jezelf* bij dit onderdeel te betrekken. Ook jij maakt deel uit van het onderling verbonden web van het bestaan.

Laat de visualisatie na een tijdje los en adem weer normaal. Voel je ademhaling en je lichaam. Schenk ook aandacht aan je hart en je geest.

Beëindig de praktijk met een eenvoudige verklaring zoals: 'Moge ik het mededogende hart laten ontwaken, ten gunste van alle levende wezens.'

14

IS DIT DE HEMEL OF IS DIT DE HEL?

kies ervoor je te bevrijden of blijf voor altijd dolen

In de boeddhistische kosmologie wordt geleerd dat er zes verschillende werelden zijn waarin we geboren kunnen worden. Slechts twee van deze werelden – die van de mens en die van de dieren – zijn voor ons mensen zichtbaar. Dit is de volledige lijst van werelden:

1. Hemelse wereld (waarbinnen zevenentwintig niveaus zijn)
2. Jaloerse goden
3. Mensen
4. Dieren
5. Hongerige geesten
6. Hellewereld (met slechts enkele niveaus)

In de boeddhistische kunst worden deze werelden vaak afgebeeld als het Levenswiel, een grote cirkel die wordt vastgehouden door Yama, de godheid die de dood symboliseert. In het midden van de het wiel bevindt zich nog een cirkel, een naaf, met daarin de artistieke uiting van hebzucht, haat en waan. Deze worden vaak voorgesteld als dierentotems: de haan is de hebzucht, de slang is de haat en het varken is de waan. Het zijn hebzucht, haat en waan die het wiel draaiende en de individuele zwerftocht tussen de werelden aan de gang houden. Het grootste deel van de cirkel is als een taart in zes stukken of secties gesneden. Elke sectie stelt één van de bestaanswerelden voor. Buiten dit wiel bevinden zich de Boeddha en nirvana. Interessant is ook dat de Boeddha ook in elke wereld is afgebeeld, als voorbeeld van bevrijding binnen een niveau van lijden.

Het hemelrijk wordt meestal voorgesteld als een plek van genot en overvloed, waar alle wezens zich voldaan en gelukkig vermaken. Er lijkt maar één probleem in de hemel te zijn: het is er zo prettig dat er geen enkele motivatie is om een eind te maken aan het hechten. Wanneer je elk verlangen kunt bevredigen, ontstaat er illusie, maar zelfs de hemel is vergankelijk; hij kan niet blijven duren. (Alle werelden zijn vergankelijk, want ze maken deel uit van *samsara*, de boeddhistische 'zee van het bestaan' die in een eerder hoofdstuk voorkomt. Samsara omspant de wereld die we kennen en de werelden die we niet kunnen zien en is per definitie vergankelijk.) Voor de meeste bewoners van het hemelrijk – die nog steeds de resten van hechting van zich afschudden – ligt meer werk te wachten. Voor sommigen is het slechts een plek waar het laatste restje karma wordt verbrand, vóór nirvana.

De wereld van de jaloerse goden is er ook een van overvloed. Maar hier zijn de bewoners niet gelukkig met wat ze hebben. Ze lijden aan verschrikkelijke jaloezie, want er staat een boom met zijn wortels in hun wereld, maar met zijn rijpe vruchten in het hemelrijk net boven hen. De jaloerse goden hebben zo het hemelrijk de oorlog verklaard. Ze leven in een toestand waarin ze willen wat ze niet hebben.

De menselijke wereld is het domein dat wij kennen: de wereld van vreugde en verdriet, genot en pijn, winst en verlies. In de voorstelling van het mensenrijk komen grote onwetendheid en lijden voor, maar ook grote wijsheid en het vermogen om te veranderen door meditatieve training.

Het dierenrijk maakt ook deel uit van de wereld die wij kennen. Het grootste deel van het dierenrijk is zichtbaar voor ons; het bevat zoogdieren, vissen, vogels, insecten en andere soorten. Deze wereld wordt gezien als een staat van instinctief overleven; haar kenmerk is dat men hier vrijwel constant dreigt gedood te worden door een groter roofdier. Omdat angst, lust en geweld in het dierenrijk heersen, speelt de vrije wil bijna geen enkele rol.

De wereld van de hongerige geesten is voor de mens niet zichtbaar. Net zoals het rijk van de jaloerse goden is dit ook een wereld van overvloed. Elk voedsel dat een wezen kan verlangen, is hier aanwezig. Deze wereld wordt echter bewoond door monsterlijke wezens met grote lijven; ze hebben echter zo'n pietepeuterig klein mondje – zo klein als een speldenprik – dat ze niets van dat heerlijke voedsel naar binnen kunnen krijgen. Ze leven in een staat van voortdurend hunkeren en doorlopende ontevredenheid; dit lijkt wel heel erg op verslaving.

De hellewereld met haar meerdere niveaus is een plek vol intense pijn en lijden. Demonen folteren de inwoners met vuur, ijs en vingernagels op het schoolbord. De pijn in de hel is constant en onvermijdelijk. Hij is zo overweldigend dat het bijna onmogelijk is om hem met mededogen te beantwoorden. Het goede nieuws is dat ook de hel vergankelijk is.

Hoewel het heel goed mogelijk is dat deze zes werelden echte fysieke domeinen zijn waarin mensen worden herboren, vind ik het net zo waarschijnlijk dat deze les slechts een analogie is voor onze gevarieerde menselijke ervaring. Deze werelden zijn zowel toestanden van de hart/geest als bestaanstoestanden. Laten we dit verduidelijken vanuit het perspectief van het hart. Vanuit dat oogpunt zou de hel een gebroken hart kunnen zijn, en de hemel de roze wolk van verliefd-zijn. Laten we kijken of we deze analogie verder kunnen doortrekken.

Ik zei al eerder dat in elk van deze werelden een afbeelding van de Boeddha voorkomt. Hij beeldt hier het verlichte potentieel van ons hart uit; dat wat in sommige boeddhistische scholen onze 'boeddhanatuur' wordt genoemd. In de hellewereld vertegenwoordigt de Boeddha het vermogen van ons hart om mededogen en vergeving te voelen. Zelfs wanneer we omgeven zijn door de grootste hartpijn, door verdriet of door een levensbedreigende ziekte of verwonding, dan nóg hebben we het vermogen om onze pijn te behandelen met genade, mededogen en vergiffenis. De Boeddha verschijnt in de hel als voorbeeld van het vermogen van het hart om in de helse ervaringen van het leven binnen te dringen. Zelfs met een open en gezuiverd hart dat vriendelijkheid, mededogen, genade en vergiffenis uitstraalt, zal het leven soms zo pijnlijk worden dat het als een hel aanvoelt. Een verlicht hart bespaart ons dat allemaal niet; het geeft ons alleen het vermogen om alles wat het leven ons biedt met liefde te beantwoorden.

In de wereld en de ervaring van de hongerige geesten vertegenwoordigt de Boeddha het vermogen van ons hart om onze voortdurende en onverzadigbare hunkeringen met genade en aanvaarding te behandelen. Op sommige momenten kunnen we zelfs vrijgevigheid ontwikkelen voor andere hunkerende wezens midden in ons eigen lijden. Om het lijden van hunkering te beantwoorden, is metta van het hart nodig. De vrijgevigheid van het hart kan onze hunkeringen overwinnen. De gelijkmoedigheid van het hart kan omgaan met het lijden van hunkering en verslaving zonder afhankelijk of voedend te worden.

In de dierenwereld staat de Boeddha voor het vermogen van het hart om ontzegging te beoefenen zelfs te midden van dierlijke overlevingsinstincten, of om vriendelijk te zijn zelfs wanneer we bang en onzeker zijn. Van het hart wordt de bereidheid gevraagd om werkelijk of ingebeeld gevaar in de dierenwereld te tolereren, de bereidheid om in het vuur van lust of woede te zitten zonder niet-vaardig te handelen. Zonder de wijsheid van het hart beantwoorden we – in de dierlijke geestestoestand – angst en woede met geweld en lust met mateloosheid. Door meditatieve training laat het hart ons toe om de heerschappij van de dierlijke instincten achter ons te laten. We kunnen ons uiteindelijk tot mensen ontwikkelen. Maar zoals we nu weten, is mens-zijn ook al niet geweldig ontwikkeld.

De Boeddha verschijnt in de mensenwereld als een voorbeeld van het vermogen van het hart voor gelijkmoedigheid, het perfecte evenwicht van wijsheid en mededogen in een wereld waarin de perfecte balans tussen genot en pijn heerst. Halverwege tussen hemel en hel levend, is de mens perfect geschikt voor *verlichting*. Maar de hunkering en de afkeer die in de menselijke hart/geest en lichaam zijn ingebouwd, kunnen het individu behoorlijk hinderen in de bereidheid om de langdurige harttraining tot een wijze en mededogende respons op zich te nemen en door te zetten. De Boeddha vertegenwoordigt de waarheid van ons hartvermogen tot volledig ontwaken in dit leven.

De aanwezigheid van de Boeddha in de wereld van de jaloerse goden getuigt van de capaciteit van ons hart om te aanvaarden wat ons wordt aangeboden; om met waardering en dankbaarheid te genieten van wat voorhanden is. Het is het vermogen van ons hart tot waardering en dankbaarheid voor wat is. Met een open en wijs hart zijn we vrij van jaloezie. Wanneer we het waarderende hart hebben ontsluierd en ontwikkeld, zijn we tevreden en vinden we rust. Dit Boeddha-aspect in ons is blij voor de goden hierboven die de vruchten van ons werk plukken.

In het hemelrijk is de Boeddha het vermogen van ons hart om te genieten van vergankelijk plezier zonder eraan vast te klampen. De Boeddha begrijpt de vergankelijkheid maar geeft zich met waarderend niet-hechten over aan het hemelrijk. We moeten op onze hoede zijn voor onze neiging om lijden als nobel, en hemels genieten als te toegeeflijk te beschouwen. Met een wijs hart, een hart dat is gevuld met metta voor alle levende wezens, is het een daad van vrijgevigheid als we onszelf toestaan een dagje op het strand te bakken; of om te genieten van een verrukkelijk en mis- schien heel duur etentje; of om de hele dag met onze geliefde in bed te liggen en alleen maar af en toe op te staan om nog een ijsje te halen. Hemelse werelden komen en gaan. We hoeven ze niet te vermijden. Sterker nog, we moeten er juist van *genieten*. Het gaat erom ons er niet aan vast te klampen of al onze tijd te besteden om die hemelse werelden te creëren.

In dit leven dwalen we voortdurend tussen deze zes werelden. We beweren menselijk te zijn, maar hoe vaak gedragen we ons niet als dieren, geesten of jaloerse goden? Met een ongetraind hart zijn we gedoemd om eindeloos van wereld naar wereld te zwerven – dit is de definitie van *samsara*. Zolang hebzucht, haat en waan ons hart controleren, zal onze lotsbestemming in de hel en in de geestwerelden liggen, met af en toe een tussenstop in een tijdelijke hemel.

Het pad naar het beëindigen van het lijden, naar het bevrij- den van het hart, wordt ons helder gewezen. Wanneer we elk moment met mindfulness ervaren, dan zal metta de gids zijn bij onze bevrijding van deze kringloop van lijden. Het ontsluieren van de diepste en meest natuurlijke wijsheid van ons hart zal ons bevrijden uit het wiel van eeuwig zwerven. En dan – als we daartoe bereid zijn – beschikken we over de vaardigheid om welbewust en wilskrachtig de zes werelden te bezoeken. Maar dan wel, net als de Boeddha, als een voorbeeld van vrijheid.

15

WAT IS JOUW TEKEN?

bepaal jouw persoonlijkheidstype
(maar laat je er niet door bepalen)

Vanuit boeddhistisch oogpunt hebben wij allemaal één van drie persoonlijkheidstypes. Over de manier waarop dit persoonlijkheidstype ontstaat – karmisch (gebaseerd op vorige levens) of geconditioneerd (gebaseerd op ervaringen die we in dit leven hebben) – kan gedebatteerd worden. In het belang van dit hoofdstuk houd ik me buiten dit oorsprong-van-het-persoonlijkheidstype-debat. Ik wil hier alleen de waarheid van onze persoonlijkheidsneigingen bestuderen en nagaan hoe we voor onszelf en voor anderen een diagnose kunnen stellen. Ten slotte wil ik het hebben over de manier waarop we die informatie over onszelf en anderen kunnen gebruiken om meer harmonie en minder lijden in ons leven te creëren.

In het boeddhisme worden persoonlijkheden ingedeeld in drie categorieën, die elk gebaseerd zijn op de drie grondoorzaken van lijden: hebzucht, haat en waan. Waarschijnlijk hebben wij allemaal wel iets van deze drie neigingen; momenten van hebzucht, momenten van haat en periodes van waan. Hoewel het waar is dat alle niet-verlichte wezens lijden aan elk van deze drie ervaringen, wordt ervan uitgegaan dat ieder van ons in de kern neigt naar één van de drie. Sommige mensen reageren op de meeste situaties met verlangen, sommigen met afkeer en anderen reageren zonder in de gaten te hebben wat er aan de hand is. Je hebt misschien opgemerkt dat het boeddhisme de drie persoonlijkheidstypes baseert op negatieve trekken, maar we gaan nog iets verder. Er zit ook nog een positieve kant aan elk van deze persoonlijkheidstypes: zelfverzekerdheid, inzicht en sereniteit:

- Hebzuchtig/hunkerend/zelfverzekerd type
- Hatend/afkerig/onderscheidend type
- Waan-zinnig/versuft/sereen type

In het begin van mijn studie van het boeddhisme leerde ik de volgende traditionele methode om jezelf (en misschien anderen) te onderzoeken: wanneer je een ruimte binnenstapt, valt jou dan eerst dat op wat je fijn vindt in de ruimte, of juist die dingen die je er niet fijn aan vindt. Of misschien valt jou nooit iets op aan de ruimte omdat je te veel met jezelf bezig bent. Hoe je deze vraag beantwoordt, bepaalt jouw persoonlijkheidstype.

Mensen met het hebzuchtige/hunkerende/zelfverzekerde persoonlijkheidstype zullen onmiddellijk die dingen in de ruimte opmerken die ze leuk vinden of die ze misschien willen hebben. Bijvoorbeeld: 'Dat vind ik een heel mooi kunstwerk; waar kan ik zoiets kopen?' of 'Dat is een geweldige bank; ik vraag me af wat die kost. Kan ik me zo'n bank veroorloven?' Het hebzuchtige type heeft de neiging om 'te willen' en heeft ook het zelfvertrouwen om gewilde dingen te verwerven of doelen te bereiken. Natuurlijk zullen deze persoonlijkheden na een tijdje hunkeren ook opmerken waar ze *niet* van houden: 'Een geweldige bank, maar dat tapijt is vreselijk!' of 'Dat schilderij is mooi! Wel jammer dat ze het niet goed hebben verlicht'.

Aan de andere kant zullen mensen met het hatende/afkerige/onderscheidende persoonlijkheidstype als eerste de dingen opmerken die ze *niet* fijn vinden aan een ruimte. Bijvoorbeeld: 'Dat is het lelijkste tapijt dat ik ooit zag!' of 'Deze kamer is donker en benauwd. Kan iemand alsjeblieft een raam openzetten?' Op haat gebaseerde types zien eerst dat wat ze niet fijn vinden aan de situatie. Maar omdat een onderscheidend vermogen bij het oordelen hun kracht is, komen ze er misschien ook toe om dingen te zien die ze *wel* leuk vinden. 'De bank is anders wel erg comfortabel. En dat slecht verlichte schilderij is verbazingwekkend. Ik vraag me af wie het geschilderd heeft.'

Mensen met het waan-zinnige/versufte/serene persoonlijkheidstype ten slotte gaan onmiddellijk voorbij aan de kunst, de bank en al het andere in de kamer. Zij verliezen zich te veel in hun eigen wereld. 'Ik vraag me af hoe mijn kont er in deze broek uitziet' of 'Ik hoop dat er wat leuke meiden op dit feestje zijn' of 'Ik vraag me af waarom de aarde met de klok meedraait in plaats van tegen de klok in'. De waan-zinnige types zitten al op de bruin-lederen met ganzendons gevulde bank en staren naar het foeilelijke tapijt terwijl ze zich volkomen onbewust zijn van hun omgeving. En natuurlijk lijden ze ook niet zoveel door hun hunkeringen en hun afkeer als de andere types; in feite lijken ze volkomen sereen in hun waan-zinnige wereld van egoïsme. Uiteindelijk zullen ook zij misschien smachten naar dat schilderij of naar die bank, maar dat zal waarschijnlijk niet hun eerste respons op de ruimte zijn.

Laten we nog een keer naar de drie types kijken, maar nu wat gedetailleerder.

In gesprekken en relaties komen mensen van het hebzucht-type over als positief, vaak aangenaam en misschien extrovert. Zelfverzekerdheid en vertrouwen zijn de positieve keerzijde van hebzucht en hunkeren. Deze mensen willen veel en ze vertrouwen erop dat ze het kunnen krijgen. Als we het hebben over de *meditatieve* hebzuchtige types, dan zien we dat zij mogelijk lijden aan het hunkeren naar spirituele ervaringen, aan gebrek aan geduld en aan een heleboel lustgedachten tijdens de meditatiebeoefening. Maar vaak hebben zij ook discipline en vertrouwen in het boeddhistische pad. Zij willen de *verlichting* en ze zijn bereid daar hard voor te werken, als ze tenminste niet misleid worden door van die lekkere newagebeloften als 'gelukzaligheid door chanting' of 'snelle en goedkope bevrijding in tien makkelijke stappen'. Mensen van het hebzuchtige type hebben waarschijnlijk heel veel zogenaamde spirituele paden uitgeprobeerd voordat ze bij de boeddhistische discipline uitkwamen. In het licht van hun hebzucht – hun verlangen om *nu* bevrediging te vinden – moeten zij uitkijken voor foute leraren en voor dharmazwendel. Ze kunnen in allerlei problemen verzeild raken wanneer hun verlangen niet in evenwicht is met hun onderscheidend vermogen.

Mensen van het haat-type komen vaak als negatief over. Het kan heel moeilijk zijn om een relatie te hebben met mensen die jou graag op je fouten wijzen. Als een persoon van het haat-type erg uit balans is, dan kan hij of zij wegzinken in diepe depressies en zelfmoordneigingen: het is lastig functioneren wanneer je steeds de negatieve kant van de dingen ziet, wanneer alles altijd beter zou kunnen zijn dan het is. Voor het afkerige type staat het leven bol van te veel pijn en te veel domme mensen. De positieve keerzijde is dat een deel van wat de haat-types denken en voelen, waar kan zijn. Vaak is in hen inzicht en scherpe wijsheid vermengd met de veroordelingen en de negativiteit. Een mediterend afkerig type zou snelle vooruitgang kunnen maken en zou de oorzaken van het lijden snel met wijsheid en scherpzinnigheid kunnen inzien. Zulke mensen kunnen wel eens moeilijkheden ondervinden in de omgang met leraren en ook kunnen ze lijden onder het afwijzen van de gemeenschap. Algemeen genomen kunnen haat-types wel geweldige beoefenaars worden, als ze maar in staat zijn om hun afkeer op de echte oorzaken van het lijden te richten en te zweren om het allemaal te stoppen, *ook de haat zelf.*

De waan-zinnige types kunnen makkelijk in de omgang zijn en misschien hebben ze het bij het mediteren aanvankelijk ook makkelijk. Ze vinden het gewoonlijk makkelijk om een gevoel van vrede en sereniteit te ontwikkelen. Maar ze moeten heel gedisciplineerd zijn bij hun pogingen om aanwezig te blijven en om niet af te drijven richting 'la-la land'. Voor het waan-zinnige type zijn mindfulness en concentratie de sleutel tot een succesvolle meditatiepraktijk. De precisie die ontstaat door welbewust gewaarzijn in het nu, zal de waan-zinnige geestestoestand in balans brengen en zuiveren.

Elk van deze persoonlijkheidstypes moet met de gepaste hartrespons worden benaderd. Mensen van het hebzuchtige type zullen zich moeten inspannen om vrijgevig te worden en niet-gehecht te zijn aan meer verwerven. Het haat-type zal zich intens moeten richten op vergiffenis en mededogen. De waan-zinnige types zullen, via mindfulness, in aanraking moeten komen met hun hebzucht en hun haat, zodat ze, als wijze hartrespons, het tegengif van vergiffenis en vrijgevigheid kunnen toedienen.

Ik moedig je aan om voor jezelf een diagnose te stellen, als je dat inmiddels nog niet gedaan hebt. Ik geloof dat zo'n diagnose een handig werktuig kan zijn in het ontwakingsproces van het hart. Ook vond ik het ongelooflijk bevrijdend om een gevoel te krijgen van deze persoonlijkheidstypes bij anderen. De ontdek-king dat onze partners, vrienden en collega's niet allemaal bij alles hetzelfde verwachten, kan helpen om mededogen, vergeving en aanvaarding te ontwikkelen.

Onthoud echter dat wij niet alleen maar deze persoonlijkheids-types zijn. Let op dat je niet te erg vereenzelvigd raakt met jouw persoonlijkheidsneigingen. Houd het liever allemaal een beetje licht en ga er speels mee om.

HEARTFULNESS: LEID EEN LEVEN OP BASIS VAN MILD GEWAARZIJN

Het is mijn hoop dat je de lessen en beoefeningen in dit boek op je eigen manier volledig in je opneemt en dat je daar alle tijd voor neemt. Breng in de praktijk wat *jou* zinvol lijkt. Deze lessen zijn niet zomaar theorie om te geloven of te begrijpen; het zijn praktische werktuigen om te ontwikkelen en om toe te passen in het dagelijks leven. De dharma die op deze bladzijden werd beschreven, is een pad, een praktijk en een nieuwe manier om met onszelf en anderen om te gaan. Sommigen zeggen dat het boeddhisme een bevrijding aanbiedt die twee vleugels heeft: de vleugel van mededogen en de vleugel van wijsheid; anderen hebben het over het onderscheid tussen het hart en de geest. Op dit moment heb ik de indruk dat dit dualisme foutief is. We moeten maar één ding doen: een leven van heartfulness leiden. Heartfulness omvat alles. Mindfulness is heartfulness, vergeving is heartfulness, mededogen is heartfulness, waardering is heartfulness, zelfs het begrijpen van de vergankelijkheid en de waarheid van het lijden is heartfulness.

Het is onze praktijk en ons doel om een leven te leiden dat doordrongen is van de positieve en wijze harteigenschappen. Het ongeoefende hart is nog niet betrouwbaar, maar het getrainde hart biedt echt een veilige toevlucht. Wanneer je de meditaties die ik aanbied gedurende langere tijd consequent in de praktijk brengt, zal je hart bevrijd worden van de verduisteringen van hebzucht, haat en waan. Je zult je relatie tot het bestaan verbeteren; je perspectief zal heartful en dus betrouwbaar worden.

Om dit pad te bewandelen hoef je niet naar een klooster toe te rennen, hoewel dat voor sommigen een nobele en wijze roeping is. Ik ben voornamelijk geïnteresseerd in de dharma als een praktische en toepasbare manier van leven in de gewone wereld van werk en relaties. Ik denk dat naarmate onze Amerikaanse vorm van boeddhisme groeit, het voornamelijk een pad voor leken zal zijn en niet zozeer voor monniken en nonnen.

Belangrijk is echter de steun van anderen, waar we ons ook bevinden op het pad. We hebben leraren en gemeenschappen nodig die ons op het pad van heartfulness inspireren en steunen. De reis zit immers vol gevaar en persoonlijke verantwoordelijkheid. Er zijn veel leraren en veel geweldige en betrouwbare gemeenschappen. Maar er zijn net zoveel leraren en gemeenschappen die niet te vertrouwen zijn. Als student van het pad zul je hierover op je eigen oordeel moeten vertrouwen. Het is niet omdat een bepaalde leraar het boeddhisme noemt dat wat hij onderwijst ook veel te maken heeft met wat de Boeddha feitelijk onderwees. Het is jouw verantwoordelijkheid als student van het boeddhisme dat *jij* studeert, dat jij leert en dat jij daar zelf de dharma uithaalt. Je moet ook heel goed opletten hoe je met leraren omgaat. De Boeddha was glashelder en vasthoudend wanneer hij het had over persoonlijke verantwoordelijkheid en bevrijding door je eigen inspanningen. Leraren zijn er alleen om het pad aan te wijzen; al het geploeter moet je zelf doen. Overtuig je ervan dat je leraren een heartful pad bewandelen en dat ze een leven van heartfulness onderwijzen.

Ik begon dit boek met een waarschuwing en ik zal het ook met een waarschuwing beëindigen. Het ware boeddhistische pad is ongebruikelijk en lastig. Onderweg zal er van je gevraagd worden de moeilijkste menselijke emoties en uitdagingen aan te gaan. Het geweldige nieuws is dat je het vermogen hebt om nog in dit leven te ontwaken! Wat je nodig hebt, is alleen maar het doorzettingsvermogen om je hart/geest grondig te trainen. Je zult onderweg veel meer spirituele revolutionairen ontmoeten. Sommigen op het pad worden vrienden voor het leven; velen sukkelen de berm in, weggesleurd in de matrix van hebzucht en haat.

Diegenen onder ons die zich inzetten en die op koers blijven, zijn de 1%-ers van de dharma, de vergevende volgelingen, de dharma ninja moordenaars, de echte revolutionairen die de wereld kunnen veranderen. Ik hoop jullie onderweg te ontmoeten. Moge onze paden elkaar kruisen op deze reis van het hart.

Noah Levine

DHARMALIJSTEN DIE JE MISSCHIEN NUTTIG VINDT

DE VIER EDELE WAARHEDEN

1. *Dukkha.* Er is veel lijden in het leven. Een deel daarvan creëren we zelf; een deel is onvermijdelijk.

2. *Tanha.* De oorzaken van het meeste zelfgecreëerde lijden in het leven zijn hunkering, hechting en afkeer.

3. *Nirvana.* Het beëindigen van het lijden is in dit leven bereikbaar. Het ontstaat wanneer we de vlammen van hebzucht, haat en waan doven.

4. *Het Achtvoudige Pad.* Het pad dat leidt naar het einde van het lijden bestaat uit de volgende acht oefenonderdelen:

- De realiteit begrijpen zoals ze is
- Welbewust op een wijze en mededogende manier leven
- De waarheid spreken en spreken wanneer dat nuttig is
- Handelen met een geweldloze, eerlijke en sobere integriteit
- Een verstandig en niet-schadelijk beroep uitoefenen
- Energiek de hart/geest trainen
- Opmerkzaam gewaar zijn van elk moment
- De aandacht concentreren op het zich vergankelijk ontvouwen van het nu

DE BRAHMAVIHARAS

1. *Metta*. Een gedetailleerde en welbewuste training van ons hart om vervuld te raken van *liefdevolle vriendelijkheid*, vergiffenis en nederigheid.

2. *Karuna*. Het vermogen om pijn met *mededogen* te beantwoorden.

3. *Mudita*. Het vermogen om genot met *waardering* te beantwoorden.

4. *Uppekha*. Het balans brengende hartkenmerk van *niet-hechten*.

DE VIER FUNDAMENTEN VAN MINDFULNESS

1. *Gewaarzijn van het lichaam*. Het gewaarzijn van lichamelijke componenten zoals de ademhaling, de houding, de handelingen (ook eet- en loopmeditatie), de vier elementen, de tweeëndertig delen van het lichaam en overdenkingen over de dood.

2. *Gevoelstoon*. Het opmerken van de prettige, onprettige of neutrale gevoelstoon van elk object of ervaring.

3. *Geestobjecten*. Het gewaarzijn van de processen en de inhoud van de geest.

4. *Waarheden*. Het gewaarzijn van wat waar is, van moment tot moment. Dit behelst aandacht voor de vier edele waarheden, de vijf obstakels, de zeven factoren van *verlichting*, enzovoort.

DE VIJF OBSTAKELS

1. Hunkeren naar genot

2. Afkeer van pijn

3. Rusteloosheid

4. Loomheid

5. Twijfel

DE ZEVEN FACTOREN VAN VERLICHTING

1. Mindfulness

2. Onderzoek

3. Inspanning

4. Plezier

5. Kalmte

6. Concentratie

7. Gelijkmoedigheid

DE TWAALF SCHAKELS VAN AFHANKELIJK ONTSTAAN

Deze geschakelde lijst is de Boeddha's beschrijving van de manier waarop wij onze ontevredenheid handhaven. Zoals de beschrijving laat zien, is alles met elkaar verbonden. Mild gewaarzijn is de sleutel tot het doorbreken van de cyclus van het lijden. Door onze aandacht te richten op de achtste en negende schakels van afhankelijk ontstaan, kunnen we kiezen om pijn met milde, mededogende handelingen te beantwoorden en genot met niet-hechten.

1. Onwetendheid, die leidt tot

2. Mentale formaties (gedachten of emoties), die leiden tot

3. Bewustzijn, dat behoefte heeft aan

4. Naam en vorm, die bestaan uit

5. Zes zintuigen (fysieke sensatie, horen, zien, ruiken, proeven en mentale gedachten) waardoor stimuli het ontstaan geven aan

6. Contact, dat zintuiglijke impressies creëert die het ontstaan geven aan

7. Gevoelens (prettig, onprettig of neutraal) die het ontstaan geven aan

8. Hunkering (om het gevoel te behouden of om het af te schudden) die de oorzaak is van

9. Vastklampen (of afkeer) de oorzaak van

10. Worden (een ervaring als persoonlijk identificeren), de oorzaak van

11. Geboorte (incarneren rond het vastgrijpen) de bron van

12. Lijden of ontevredenheid

DE VIJF KETENS (OF STAPELS)

1. Het lichaam

2. De zintuiglijke indrukken of gevoelstonen van het lichaam

3. De geest en de objecten van de denkende geest (waaronder de gedachten en de wortels van emoties)

4. Perceptie (waaronder het geheugen)

5. Bewustzijn

DE DRIE PERSOONLIJKHEIDSTYPES

1. Hebzuchtig/hunkerend/zelfverzekerd

2. Hatend/afkerig/onderscheidend

3. Waan-zinnig/versuft/sereen

DE DRIE VERGIFTEN/VLAMMEN/BRANDSTOF VOOR SAMSARA

1. Hebzucht – gehechtheid en hunkering

2. Haat – afkeer en woede

3. Waan – egocentriciteit en het geloof in onvergankelijkheid

DE DRIE ELEMENTEN VAN VERGEVING

1. Vergiffenis vragen aan degenen die wij gekwetst hebben

2. Vergiffenis schenken aan degenen die ons gekwetst hebben

3. Onszelf voor alles vergeven

DANK

Zoals alles in het bestaan, is dit boek voortgekomen uit oorzaken en voorwaarden. Ik wil mijn erkentelijkheid en dankbaarheid uitdrukken voor een aantal mensen die mij hielpen bij het tot stand komen van dit boek. Mijn leraren, in het bijzonder Jack Kornfield en Ajahn Amaro, Stephen en Ondrea Levine, Howie Cohn, Joseph Goldstein, Sharon Salzberg, en Stephen en Martine Batchelor. Mijn agent, Loretta Barrett. Mijn redacteuren, Eric Brandt en Cynthia DiTiberio. Mijn collega's, de 1% posse, Vinny Ferraro, JoAnna Harper, Pablo Das, Kyira Korrigan, Jason Murphy, Mary Stancavage, Matthew Brensilver, Ron Ames, Stephanie Tate, Scott Spencer, Doug Achert, Josh Korda, Jake Cahill, Joseph Rogers, Enrique Calazo, Jordan Kramer, Silke Tudor en de overige leraren en facilitators van Against the Stream wereldwijd. Veel respect voor alle groepen en leden in de Against the Stream en Dharma Punx gemeenschappen over de hele wereld; DIY in Vancouver, NYC Dharma Punx, Urban Dharma SF, Boston DP, Austin DP, Seattle DP, Rebel Dharma SC, Portland DP, Houston DP, Berkshire DP, Hudson Valley DP, Philly DP, Jersey DP, Baltimore DP, Baton Rouge DP, Dallas DP, San Diego DP and ATS SD, New Haven, Front-Range Denver, Boulder, Fort Collins DP, Phoenix DP, ATS Nederland en België, ATS/DP Montreal, en – natuurlijk – het hoofdkwartier, Los Angeles, Against the Stream Buddhist Meditation Society.

Big Love voor alle levende wezens!

Je kunt ook in Nederland en België kennismaken met het 'Against the Stream' perspectief op de dharma. Er zijn 'tegen de stroom in' groepen in Rotterdam en Amsterdam en de oprichting van groepen in Antwerpen en Brussel is in voorbereiding.

Net als in de centra in Los Angeles wordt er in deze groepen gemediteerd en wordt de dharma bestudeerd met de eigen innerlijke (r)evolutie als uitgangspunt.

Informatie over deze groepen, de agenda en activiteiten vind je op de website van 'tegen de stroom in'.

NUTTIGE LINKS

Dharma Punx
de website met informatie over Noah Levine's boeken en teaching agenda. Je vindt hier ook de ATS en DPX merchandize:

www.dharmapunx.com

Against the Stream Buddhist Meditation Center
de website van Noah Levine's centra in Los Angeles:

www.againstthestream.org

tegen de stroom in

www.tegendestroomin.com

Centrum in West Hollywood en administratie
4300, Melrose Avenue
Los Angelels, CA 90029
USA

Centrum in Santa Monica
1001 A, Colorado Avenue
Santa Monica, CA 90401
USA

Rotterdam Chapter mediteert in:

Centrum Djoj
Antony Duyklaan 5-7
3051 HA Rotterdam

Amsterdam Chapter mediteert in:

Centrum 'de Ruimte'
Weesperzijde 79 A
1091 EJ Amsterdam

Heeft u interesse in *boeddhisme, spiritualiteit* en *gezondheid*? Wilt u op de hoogte worden gehouden van hoogwaardige publicaties op dit gebied? Kies dan voor het lidmaatschap van de nieuwe *Milinda-lezersgroep*.

Kleine investering, grote voordelen

Voor slechts €7,50 per jaar ontvang u als eerste bericht over nieuwe boeken en activiteiten van *Asoka, Synthese* en *De Driehoek*. Bovendien profiteert u van *aantrekkelijke kortingen*. Zo betaalt u geen verzendkosten (!) bij bestellingen via de Milinda-website en ontvangt u jaarlijks voor *minimaal €40,-* aan kortingsbonnen. Kortom: kleine investering, grote voordelen.

Iets voor u? *Meld u dan direct aan* door de antwoordkaart te retourneren. Vergeet niet uw e-mailadres te vermelden, u ontvangt dan een leuke extra verrassing! **Meer weten?** Bezoek *www.milinda-uitgevers.nl/lezersgroep* en ontdek de vele voordelen van het lidmaatschap.

als bladwijzer afscheuren

www.milinda-uitgevers.nl

O Ik meld mij aan als lid van de **Milinda-lezersgroep** (€7,50 per jaar)

Ik wil op de hoogte blijven van alle nieuwe uitgaven en activiteiten van*

O **Asoka** – *de inspirerende wereld van het boeddhisme*
O **Synthese** – *tijdloze wijsheid*
O **De Driehoek** – *lichaam en geest*

* aankruisen wat van toepassing is

NAAM

VOORNAAM

STRAAT & NR.

POSTCODE

PLAATS

LAND

E-MAIL

bruikbare e-mailadressen ontvangen een leuke verrassing...!

Milinda Uitgevers
Postbus 61220
3002 HE Rotterdam